STILLGELEGTE BAHNSTRECKEN IM BERGISCHEN LAND

SUTTON VERLAG

Bernd Franco Hoffmann

AUF SCHIENEN UNTERWEGS

STILLGELEGTE BAHNSTRECKEN IM
BERGISCHEN LAND

DANKSAGUNG

Ich danke allen Menschen, denen ich bei meinen Exkursionen zwischen Opladen und Brügge begegnet bin und die mir auf die stillgelegte Schiene verhalfen, wenn ich mich mal im Dickicht verirrt hatte.

Ein Eisenbahnbuch wie dieses wäre nichts ohne die historischen Fotos. Glücklicherweise haben viele Eisenbahnfreunde über Jahrzehnte hinweg die bergischen Eisenbahnstrecken mit ihren Kameras begleitet und hervorragend dokumentiert.

Ich danke in dieser Hinsicht besonders Christoph Marschner, der Eisenbahnstiftung (www.eisenbahnstiftung.de) und den Eisenbahnfreunden von Bahnen-Wuppertal (www.bahnenwuppertal.de) für ihre großartige Unterstützung. Ich danke bei der Überarbeitung des Nachdrucks Joachim Biemann (www.bahnen-im-rheinland.de) für seine Hinweise bezüglich der Loktypenbezeichnung.

Sutton Verlag GmbH
Hochheimer Straße 59
99094 Erfurt
www.suttonverlag.de

6. Auflage 2023

ISBN: 978-3-95400-147-7

Druck: Florjančič Tisk d.o.o. / Slowenien

INHALTSVERZEICHNIS

VORWORT

Angefangen hat alles im Jahre 2008. Auf der Fahrt von Köln nach Gummersbach blickte ich aus dem Fenster der Regionalbahn auf das ehemalige Betriebswerk Dieringhausen. Fasziniert betrachtete ich die gewaltige Kulisse aus Stellwerken, Lichtmasten und Gleisen, die wie eine eigene Stadt anmutete. Kein Zweifel: Hier musste einst viel Leben und Betriebsamkeit geherrscht haben. Die überwucherten Gleise, die verfallenen Bahnsteige und die vor sich hin rostenden Waggons zeigten aber auch, dass diese betriebsamen Zeiten lange vorbei waren. Die Bahn hatte sich auf Nimmerwiedersehen verabschiedet und ihre Zöglinge dem Verfall preisgegeben. Ein Abschied, der, bis auf eine heute noch bestehende S-Bahn- und eine Regionalbahnverbindung, bei nahezu allen Strecken in der bergischen Region erfolgte. Die einst so herbeigesehnte und oft so frenetisch gefeierte Eisenbahn hatte im Bergischen Land spätestens nach dem Zweiten Weltkrieg immer weniger Chancen gegen die wachsende Motorisierung. Der Bundesbahn und erst recht dem Nachfolger Deutsche Bahn AG waren die meisten Nebenbahnen viel zu teuer. Eine Strecke nach der anderen fiel innerhalb von Jahrzehnten der Stilllegung zum Opfer. Das einst dichte Netz der bergischen Eisenbahnen war spätestens Ende der 1990er-Jahre völlig ausgedünnt. Die Salamitaktik der Bahn nahm dabei oft groteske Züge an. Auf die Straße übertragen würde dieses Verfahren bedeuten: Ab Sommer nächsten Jahres ist die Autobahn X nur noch einspurig befahrbar, im Herbst wird die Abfahrt Y dichtgemacht und übernächstes Jahr wird die Fahrbahn zwischen X und Y abgerissen.

Das mag überzogen wirken. Die einzelnen Kapitel zeigen aber, dass es Bahn und Politik mit der Demontierung stillgelegter Gleise oft recht eilig hatten – frei nach dem Motto „Bloß keine Reaktivierung mehr“. Aber es gibt wieder Hoffnung: Die Volmetalbahn soll noch im Jahre 2013 reaktiviert werden. Und dass viele Trassen jetzt zu Radwegen werden, gibt der Eisenbahn eine neue Chance; theoretisch könnten dort wieder Gleise verlegt werden. Eine Option, die vielleicht in Zeiten des Treibhausklimas noch einmal wichtig werden könnte.

Trotz der rigiden Rückbaupolitik der Bahn fand ich bei meinen Streifzügen zwischen „Berg, Mark und Rhein“ bei allen stillgelegten Trassen immer noch Relikte, die aber teilweise so überwuchert waren, dass sie nur noch das kundige Auge ausfindig machen konnte. Diese meist spannende und manchmal mühevolle Spurensuche mündete im Herbst 2012 zunächst in dem Buch „Die Sülztalbahn. Geschichte und Geschichten der Strecke Köln–Lindlar“, deren erste Auflage innerhalb weniger Woche vergriffen war. Mit dem vorliegenden Buch möchte ich allen stillgelegten bergischen Eisenbahn-

Ab 1949 bis 1994 – Ära der Deutschen Bundesbahn

Aus der Reichsbahn wurde mit Gründung der Bundesrepublik Deutschland im September 1949 offiziell die *Deutsche Bundesbahn*. Aus der Reichsbahndirektion Wuppertal wurde bis zur Auflösung am 31. Dezember 1974 die *Bundesbahndirektion Wuppertal*.

Danach wechselte der westliche Streckenbereich in Wuppertal, Remscheid und Solingen zur *Bundesbahndirektion Köln*, der östliche Bereich mit Hagen und Siegen zur *Bundesbahndirektion Essen*.

Ab 1994 – Deutsche Bahn AG

Aus der Deutschen Bundesbahn und der DDR-eigenen Deutschen Reichsbahn entstand im Januar 1994 die Deutsche Bahn AG. In Wuppertal wurde zugleich ein Regionalbüro eingerichtet.

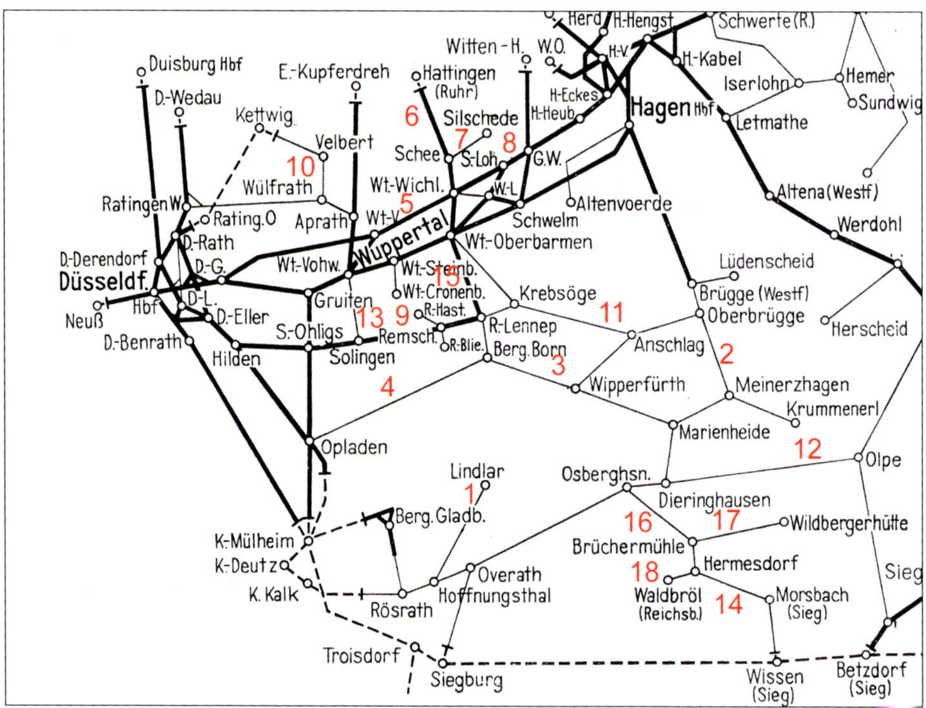

Die Übersicht zeigt das dicht geknüpfte Eisenbahnnetz des Bergischen Landes im Jahre 1938. 1. Sülztalbahn / 2. Volmetalbahn / 3. Wippertalbahn / 4. Balkanexpress / 5. Rheinische Strecke / 6. Hattinger Kohlenbahn / 7. Schee–Silschede / 8. Kleinbahn Loh–Hatzfeld / 9. Remscheid–Hasten / 10. Niederbergbahn / 11. Wuppertalbahn / 12. Dieringhausen–Olpe / 13. Korkenzieherbahn / 14. Wissertalbahn / 15. Cronenberger Samba / 16. Wiehltalbahn / 17. Hütter Bahn / 18. Kleinbahn Bielstein–Waldbröl.

EINE LEGENDE, DIE IN DEN HERZEN WEITERLEBT

DIE SÜLZTALBAHN VON KÖLN NACH LINDLAR

Eröffnet: 1. Dezember 1868 (Abschnitt zwischen Mülheim und Bergisch Gladbach)
Stillgelegt: 31. Mai 1966 (Abschnitt zwischen Hoffnungsthal und Lindlar)
Streckenlänge: rund 50 km
Stationen: Köln-Kalk, Köln-Deutz, Köln-Mülheim, Köln-Holweide (Haltepunkt), Köln-Dellbrück, Duckterath (Haltepunkt), Bergisch Gladbach, Gronau, Bensberg, Forsbach, Rösrath, Hoffnungsthal, Lehmbach (Haltepunkt), Untereschbach, Immekeppel, Obersteeg, Georghausen (Haltepunkt), Hommerich, Linde, Lindlar
Direkte Anschlüsse zu anderen bergischen Nebenstrecken: Aggertalbahn zwischen Köln und Gummersbach
Jetzige Nutzung: S-Bahn-Betrieb und Gütertransport bis Bergisch Gladbach, Gewerbe, Rad- und Wanderweg
Reaktivierung: ausgeschlossen

Ein Grund für den Bau der Sülztalbahn war der Transport von Grauwacke wie hier per Bremsbahn am Bahnhof Lindlar.

Mitte der 1980er-Jahre war der Bahnhof Bensberg nur noch ein Torso. Für Publikumsverkehr sorgte am 7. Oktober 1986 eine Sonderfahrt mit dem Akku-Triebwagen als Werbung für einen geplanten Spurbus.

Bei den Gleisfragmenten vor dem ehemaligen Bahnhof Linde handelt es sich nicht um einen Rest der Sülztalbahn, sondern um ein Dokument des gescheiterten Versuches von Bahnhofsbesitzer Hermann Haeck, zwischen Linde und Lindlar einen Museumsbetrieb zu installieren.

Wie ein verwunschener Märchenwald: die Trasse der Sülztalbahn einige hundert Meter hinter dem Bahnhof Obersteeg in Richtung Haltepunkt Georghausen. Über die Brücke wurden früher die Kühe eines nahe gelegenen Bauernhofes getrieben.

Von der Kursbuchstrecke, die einst von Köln bis ins Sülztal führte, ist nur noch der zuerst gebaute Abschnitt zwischen Köln-Mülheim und Bergisch Gladbach erhalten. Der Rest der Strecke ist größtenteils demontiert. In den Herzen der bergischen Bevölkerung hat der Abschnitt zwischen Bensberg und Lindlar als „Sülztalbahn" aber nahezu Legendenstatus erreicht.

Die Geburt des „Grietche"

Wie so oft im goldenen Eisenbahnzeitalter des 19. Jahrhunderts waren es Unternehmer und Stadträte, die in ihrer Region für einen Eisenbahnanschluss plädierten. Dazu bildeten die hohen Herren in der Regel sogenannte Komitees. Im westfälischen Städtchen Hagen entstand im Jahre 1860 das Märkische Eisenbahn-Komitee. Die Hagener Interessengemeinschaft wollte eine Bahn vom westfälischen Soest kommend durch das Bergische Land nach Köln bauen. Das Bergische Land unterstützte diesen Plan. Im April 1861 gründeten bekannte Honoratioren wie der Bergisch Gladbacher Papierfabrikant Carl Richard Zanders und der Mülheimer Landrat Oskar Danzier in Hückeswagen das Bergische Eisenbahn-Komitee. Auch die Unternehmer in Bergisch Gladbach wollten ihre Produkte auf schnellstem Wege zu den Abnehmern bringen. Mit den langsamen Pferdefuhrwerken gelang dieser Transport nur suboptimal.

Die Lobbyarbeit zahlte sich am 16. November 1863 erstmals aus. Eine eigens gegründete Cöln-Soester-Eisenbahngesellschaft erhielt vom preußischen Königreich die ersehnte Konzession zum Eisenbahnbau. Danach geriet die Cöln-Soester-Eisenbahngesellschaft aber in finanzielle Turbulenzen und übergab die Kaution an die Bergisch-Märkische Eisenbahngesellschaft.

Weil der Bau der Trasse zwischen Mülheim und Bergisch Gladbach kaum Schwierigkeiten bereitete, wurde die zehn Kilometer lange Linie am 1. Dezember 1868 feierlich eröffnet. Ganz Bergisch Gladbach jubelte der Eröffnungsfahrt nach Mülheim zu. Die benachbarte Gemeinde Bensberg erhielt am 15. Oktober 1870 ihren Eisenbahnanschluss. Die Stadt Bergisch Gladbach blühte mit der Bahnstrecke förmlich auf. Rund um den Güter- und Personenbahnhof entstanden Industrie- und Wohngebiete. Immer mehr umliegende Firmen wurden an das Eisenbahnnetz angeschlossen und im Volksmund erhielt das „Bähnchen" schnell den Kosenamen „Et Gläbbicher Grietche".

Der Ruf aus Rösrath

Der geplante Weiterbau nach Wipperfürth und Hückeswagen bis nach Soest scheiterte aber am Ausbruch des Deutsch-Französischen Krieges im Jahre 1870 und in späteren Jahren an den zu hohen Kosten. Vielmehr plante jetzt das benachbarte Sülztal, die Eisenbahn von Bensberg aus weiterzuführen.

Rösraths damaliger Bürgermeister Franz Leyhausen beantragte im Januar 1879 bei der Bergisch-Märkischen Eisenbahngesellschaft, eine Bahn durch den Königsforst über Forsbach ins Sülztal zu bauen. Die Gesellschaft lehnte ab, aber die Sülztaler gaben nicht auf. Und nach der endgültigen Verstaatlichung der Bergisch-Märkischen Eisenbahngesellschaft durch den Staat Preußen stimmte der zuständige Minister Albert von Maybach dann am 18. Februar 1886 dem Eisenbahnbau zu. Die anfallenden Kosten für den Grunderwerb übernahmen ansässige Firmen sowie der Kreis Mülheim und die Gemeinden Rösrath und Bensberg. Der Bahnbau brachte dem damals bitterarmen Sülztal die dringend benötigten Arbeitsplätze und die Bahnarbeiten gingen zügig voran.

Am 1. Juli 1890 erklärte die Eisenbahndirektion Elberfeld den Abschnitt von Bensberg nach Hoffnungsthal für den Personen- und Güterverkehr offiziell für eröffnet. Als dann auch der Abschnitt bis nach Immekeppel am 1. Dezember 1891 fertig war, schien das Thema Eisenbahn im Sülztal offiziell abgeschlossen. Die Region erlebte jetzt einen kleinen Wirtschaftsboom. Die Bauern brachten ihre Produkte schneller und frischer zu ihren Kunden und die Bevölkerung konnte sich nun in Köln eine besser bezahlte Arbeit suchen. Zahlreiche Städter nutzten zudem die Eisenbahn, um sich im idyllischen Sülztal zu erholen und in den zahlreichen Gaststätten einzukehren.

Fackelzug und Festfahrt

Doch am Kopfbahnhof Immekeppel sollten die Züge nach dem Willen einiger führender Köpfe nicht für immer enden. Im 20 Kilometer entfernten Lindlar setzten sich Industrielle und Politiker immer wieder dafür ein, die Bahn in ihre Heimat weiterzubauen. Danach sollte es per Eisenbahn in das nur rund 15 Kilometer entfernte Wipperfürth weitergehen. Um den Bahnbau nach Lindlar entscheidend voranzutreiben, bildete sich im Oktober 1897 das Komitee für den Bau einer Eisenbahn von Lindlar nach Immekeppel. Beteiligt waren neben dem Lindlarer Bürgermeister Johann Pfeiffer unter anderem Feilenfabrikanten, Gerbereibesitzer und Bankdirektoren.

Unter dem „Eisenbahnminister" Karl von Thielen machte der staatliche Eisenbahnbau inzwischen erhebliche Fortschritte. Das von Thielen im Jahre 1892 verabschiedete „Preußische Kleinbahngesetz" sorgte in vielen eher dünn besiedelten Gebieten für einen Bahnanschluss. Doch auch diesmal warteten die Bahnbefürworter vergeblich auf eine Zusage des Maybach-Nachfolgers von Thielen. Zu diesem Zeitpunkt waren in der Region schon einige andere Strecken wie die Wippertalbahn[1], die Wuppertalbahn[2] oder die Volmetalbahn[3] realisiert worden.

Dann wendeten sich die Dinge endlich zugunsten der Lindlarer Pläne. Kaiser Wilhelm II. ernannte am 23. Juni 1902 Hermann Friedrich Hans von Budde zum Nachfolger von Thielens. Budde war gebürtiger Bensberger und seiner alten bergischen Heimat immer noch verbunden. Doch erst nach vielen vergeblichen Anläufen willigte Budde kurz vor seinem Tod im Mai 1905 in den Bahnbau ein. Der Baubeginn verzögerte sich allerdings bis Anfang August des Jahres 1909 wegen einiger Eingaben und Änderungen. Die geplante Fertigstellung des Teilabschnitts zwischen Immekeppel und Hommerich für den 1. Oktober 1911 konnte ebenfalls nicht eingehalten werden. Immer wieder stritten und verhandelten die Beteiligten über Grundstückskäufe und gewünschte Bahnhöfe. Aber schließlich wurde doch alles über die Bühne gebracht. Die Eisenbahndirektion Elberfeld eröffnete am 13. Dezember 1911 den Streckenabschnitt zwischen Immekeppel und Hommerich. Nach einer erfolgreichen Testfahrt konnte am 16. Dezember 1912 auch in Lindlar gefeiert werden. Schon am Vorabend war die ganze Bevölkerung bei einem Fackelzug auf den Beinen gewesen. Obwohl es am nächsten Tag in Strömen regnete, warteten bereits am frühen Morgen in Linde und Lindlar die Menschenmassen auf den angekündigten Festzug. Alle wollten gemeinsam mit der Eisenbahn fahren und feiern. Nur in Bergisch Gladbach ärgerten sich viele Bürger. Denn der einstige Bahnhof in der Stadtmitte war ins südlicher gelegene Gronau verlegt worden.

Ein letztes Mal die Eisenbahn gefeiert

Die Strecke, die von der Metropole Köln ins ländliche Lindlar führte, veränderte das Gebiet um Lindlar im Rekordtempo. Um die neuen Bahnhöfe herum entstanden

Gewerbegebiete. In Lindlar musste die Steinbruchindustrie die Steine nicht mehr mühsam per Pferd zum Bahnhof Engelskirchen bringen, sondern konnte ihre Erzeugnisse mit der eigens eingerichteten „Bremsbahn" auf die Waggons im Bahnhof Lindlar verfrachten. Die Strecke zwischen Immekeppel und Hoffnungsthal war zunächst durch den Erzabbau der Grube Lüderich und den Warenabsatz der Firma Reusch im Güterverkehr ebenfalls gut ausgelastet. Der letzte Lückenschluss zwischen Lindlar und Wipperfürth schien nur eine Frage der Zeit, sollte aber nie kommen.

Dann machte der Bahn die wachsende Motorisierung zu schaffen. Die Deutsche Reichspost startete im Jahre 1926 im Sülztal den Kraftpostverkehr. Die Postbusse brauchten zwar genauso lange von Köln nach Lindlar wie die Eisenbahn, waren aber erheblich billiger und flexibler. Zudem wurde Ende der 1920er-Jahre die parallel verlaufene Sülztalstraße ausgebaut. Auf die sinkenden Umsätze reagierte die Eisenbahndirektion bereits im Dezember 1929 zwischen Bensberg und Lindlar mit dem vereinfachten Nebenbahnbetrieb. Immerhin war die Sülztalbahn wegen der zahlreichen Schottertransporte „kriegswichtig" genug, um im Zweiten Weltkrieg nicht stillgelegt zu werden. Die Strecke erhielt sogar mit Lehmbach und Georghausen zwei neue Haltestationen. Ab dem Frühjahr 1945 fuhr aber bis auf Weiteres auf der Sülztalbahn kein Zug mehr, ehe die Strecke ein Jahr später wieder betriebsbereit war. Ein letztes Mal feierten die Menschen im Sülztal ihre Eisenbahn. Eine große Menschenmenge wartete am 15. Oktober 1946 ungeduldig am Bahnhof Lindlar, um den Eröffnungszug nach anderthalb Jahren Pause zu begrüßen. Spätestens in den 1950er-Jahren liefen der Sülztalbahn aber immer mehr Fahrgäste weg. Die Menschen fuhren jetzt häufiger mit dem eigenen Moped oder Pkw und der Güterverkehr verlagerte sich zunehmend von der Schiene auf die Straße.

Keine Wende durch den Wendezug

Die frisch gegründete Deutsche Bundesbahn geriet bereits Anfang der 1950er-Jahre auf Drängen des Bundestages unter Rationalisierungsdruck. Erster Ansatzpunkt, um die Kosten zu reduzieren, waren unrentable Nebenstrecken wie die Sülztalbahn. Die Bundesbahndirektion Köln führte deshalb ab dem Dezember 1953 einen Schnellverkehr vom Kölner Hauptbahnhof bis Bergisch Gladbach ein.

Dafür wurde der Bergisch Gladbacher Güterbahnhof wieder, wie vor dem Jahre 1912, als Personenstation unter der Bezeichnung „Stadtmitte" reaktiviert. Jetzt verfügte Bergisch Gladbach mit Gronau sogar über zwei Personenbahnhöfe. Um in „Bergisch Gladbach-Stadtmitte" die wieder nötigen Wendemanöver möglichst rasch zu vollziehen, wurde eine Wendezuggarnitur mit einer Diesellok V36, zwei zweiachsigen Plattform-Dieselwagen, den „Donnerbüchsen", und einem Triebzug-Steuerwagen VS 145 eingesetzt. Der „Bergisch-Gladbach-Express" war so erfolgreich, dass ab dem Sommer 1954 der Wendezug teilweise auch bis Hoffnungsthal und Lindlar durchfuhr.

Die Bahndirektion setzte dann ab dem Jahre 1958 erstmals Schienenbusse ein, die aber den schleichenden Niedergang nicht mehr aufhalten konnten. Der letzte Schienenbus verkehrte dann am 1. Oktober 1960 zwischen Bergisch Gladbach und Lindlar. Einen Tag später stellte die Bahndirektion Wuppertal auch den Personen-, Express- und Stückgutverkehr zwischen Bensberg und Hoffnungsthal ein. Das Aus für den Gesamtverkehr zwischen Bensberg und Rösrath folgte im Dezember 1961. Am Bahnhof Forsbach wurden die Gleise bereits im Jahre 1964 entfernt.

Im Sommer 1965 verkehrte nur noch ein Güterzug täglich zwischen Hoffnungsthal und Lindlar. Kurz danach wurde am 25. September 1965 auch der Personenverkehr zwischen Bergisch Gladbach und Bensberg eingestellt. Der Güterverkehr hielt sich auf diesem Abschnitt immerhin noch bis zum Mai 1989.

Weil die Strecke auch mit dem Güterverkehr nur noch Verluste machte, rollte am 22. Mai 1966 auch der letzte Güterzug zwischen Lindlar und Hoffnungsthal über die Gleise. Die Bahn begann bereits im Juni 1966 vom Bahnhof Lindlar bis nach Hoffnungsthal mit dem Rückbau. Die „Sülztalbahn“ existierte kurz danach nicht mehr.

Nur noch ein kleines bisschen Eisenbahnnostalgie

Heute bietet die einstige Strecke Köln–Lindlar ein unterschiedliches Bild. Der im Jahre 1868 eröffnete Abschnitt von Köln-Mülheim bis Bergisch Gladbach ist für viele Berufspendler eine wichtige S-Bahn-Verbindung. In Bergisch Gladbach enden die Züge immer noch an einem Kopfbahnhof. Die Verbindungskurve nach Bensberg ist samt Gleisdreieck schon längst abgebaut.

Nach wie vor existiert vom Papierwerk Zanders aus ein Stück Gleis, dass am ehemaligen Bahnhof Gronau vorbei bis kurz vor Bensberg in das Gewerbegebiet Zinkhütte führt. Die Weiche in Richtung Bensberg wurde schon vor Jahren abgebaut. Dennoch sind hinter dem abgebundenen Stück noch Teile des Gleises vorhanden. Ebenso sind mehrere Brückenbauwerke bis nach Lindlar noch erhalten. Pläne, die Geisterstrecke zwischen Bergisch Gladbach und Bensberg in einen Autobahn-Zubringer umzuwandeln, wurden bislang nicht realisiert.

Der Abschnitt zwischen den Bahnhöfen Rösrath und Hoffnungsthal wird immer noch von der Aggertalbahn befahren. Empfangsgebäude existieren unter anderem noch in Immekeppel, Obersteeg und Lindlar, die heute als Wohnung oder Firmensitz dienen. Der Bahnhof Linde, den in den 1970er-Jahren der Wirtschaftsprüfer Hermann Haeck vorbildlich kernsanierte, verströmt mit dem nahezu komplett erhaltenen Bahnhofsgelände, einer alten Dampflok und einigen Meter Schienen noch die meiste Eisenbahn-Nostalgie. Haecks Pläne zwischen Linde und Lindlar einen Museumsbetrieb einzurichten, scheiterten allerdings am politischen Widerstand. Mittlerweile wurde auch die einstige Trasse zwischen Linde und Lindlar zu einem Radweg umgebaut. Besonders bei den älteren Menschen ist die Strecke Köln–Lindlar unter dem Namen Sülztalbahn nach wie vor lebendig.

AUS DEM DORNRÖSCHENSCHLAF ERWACHT

DIE VOLMETALBAHN VON HAGEN NACH DIERINGHAUSEN

Eröffnet: 16. Oktober 1871 (Abschnitt zwischen Hagen und Oberhagen)
Stillgelegt: 16. August 2002
Streckenlänge: rund 61 km
Stationen: Hagen Hbf, Hagen-Oberhagen, Hagen-Delstern, Hagen-Ambrock, Dahl, Breckerfeld-Priorei, Rummenohl, Dahlerbrück, Schalksmühle, Brügge, Oberbrügge, Bollwerk (Haltepunkt), Vollme, Grünenbaum (Haltepunkt), Kierspe, Meinerzhagen, Holzwipper, Marienheide, Kotthausen, Gummersbach, Vollmerhausen, Dieringhausen
Direkte Anschlüsse zu anderen bergischen Nebenstrecken: Meinerzhagen–Krummenerl, Wuppertalbahn, Wippertalbahn, Aggertalbahn zwischen Köln und Gummersbach, Dieringhausen–Olpe
Jetzige Nutzung: Gütertransport von Krummenerl nach Brügge, Sonderfahrten, Versuchsstrecke für Schienentaxi
Reaktivierung: soll Ende 2013 reaktiviert werden

Mit Volldampf auf der Volmetalbahn unterwegs war Lok 57 3332 am 19. August 1939 mit einem Sandzug zwischen Brügge und Meinerzhagen.

Letzter Rettungsversuch: Auf der Volmetalbahn verkehrten zuletzt auch die erfolgreichen City-Bahn-Züge wie im Oktober 1984 am Bahnhof Marienheide.

Nur noch ein eingleisiger Torso war der Bahnhof Marienheide im Juli 2012. Rechts steht noch das Bahnhofsgebäude, davor ein Verbrauchermarkt. Die Bahn AG verspricht bessere Zeiten.

Der Bahnhof Meinerzhagen im Juli 2012. Nur noch das Stationsschild und überwucherte Gleise erinnern an die einstige Betriebsamkeit. Eine Reaktivierung ist geplant.

Der Hinweis ist eindeutig: „Hier kein Aufenthalt“ steht in schwarzer Schrift auf dem gelben Schild geschrieben. In der Tat besitzt der Bahnhof Marienheide im Sommer 2012 keine Aufenthaltsqualität. Seit dem Jahre 1989 ist der Bahnhof nur noch ein unbesetzter Haltepunkt und sieht entsprechend heruntergekommen aus. Von den einst komfortablen Wartemöglichkeiten ist nur noch der Mittelbahnsteig übrig geblieben, der mit einer geschätzten Breite von 30 Zentimetern Rollstuhl- und Radfahrern keine Chance zum Aufenthalt bietet; ein weiterer Schildbürgerstreich der Bahn AG. Dennoch hat Marienheide wieder eine Chance: Wegen der geplanten Reaktivierung der Volmetalbahn soll auch der demontierte Bahnhof Marienheide aufgepeppt werden.

Keine Ewigkeit bis nach Lüdenscheid

Der Bau der Volmetalbahn ging auf den Wunsch der Stadt Hagen zurück, auch eine Eisenbahnverbindung in das Siegerland zu besitzen. Die Bergisch-Märkische Eisenbahngesellschaft erhielt im Juni 1869 vom Staat Preußen zunächst die Konzession, eine Strecke von Hagen nach Brügge zu bauen. Zwei Jahre später, am 16. Oktober 1871, rollten auf dem Abschnitt von Hagen bis in das Örtchen Oberhagen dort nur die Güterzüge. Wiederum drei Jahre später wurde dann der Abschnitt bis Brügge auch für den Personenverkehr freigeben. Das eher beschauliche Brügge entwickelte sich zu einem wichtigen Kreuzungsbahnhof, an dem die Züge künftig auch nach Lüdenscheid abbiegen sollten. Die Anbindung an Lüdenscheid war allerdings für die Bahnbauer eine Herausforderung. Die sauerländische Stadt lag 140 Meter höher als Brügge, weshalb vor der Einfahrt in den Bahnhof Lüdenscheid extra ein rund 400 Meter langer Tunnel errichtet werden musste. Bei ihrer Eröffnung am 15. Juli 1880 war die Stichbahn von Brügge nach Lüdenscheid die Trasse mit der damals höchsten Steigung in Deutschland ohne Zahnradbetrieb. Obwohl sich schnell ein reger Güterverkehr entwickelte, blieb der Bahnhof Lüdenscheid immer eine Kopfstation, in deren Nähe sich nur die Schmalspurbahn der Altenaer Eisenbahn von Halver nach Schalksmühle ansiedelte.

Ein munterer Zugbetrieb

Nun sollte es mit der Eisenbahn möglichst schnell von Brügge aus weiter ins Oberbergische gehen. Als die Bergisch-Märkische Eisenbahngesellschaft im Jahre 1882 verstaatlicht wurde, verbesserten sich die Voraussetzungen. Der Staat Preußen genehmigte im Mai 1888 den Weiterbau von Brügge nach Dieringhausen. Damit war der Anschluss an die damals noch existierende Strecke Siegburg–Derschlag geschafft. Die oberbergischen Gemeinden Gummersbach und Marienheide erhielten dann in den Jahren 1892 und 1893 ebenfalls die begehrten Bahnanschlüsse. Die Region profitierte enorm von der Eisenbahn. Am Bahnhof Kotthausen entstanden Gleisanschlüsse, um Bruchsteine, Pflastersteine und Schotter zu transportieren. In Holzwipper ging im Jahre 1900 eine Feldbahn in Betrieb, womit die Steinbrüche nun die Eisenbahn zum Transport nutzen konnten. Um Meinerzhagen herum entstanden Gleisanschlüsse zu Industriebetrieben ebenso wie in Kierspe und Oberbrügge; in Marienheide war es die schmalspurige Leppetalbahn. Marienheide erhielt ab dem Jahre 1902 den Anschluss zur Wippertalbahn[4] nach Wipperfürth und ab dem Jahre 1910 von Oberbrügge aus den Abzweig nach Radevormwald zur Wuppertalbahn.[5] Um dem wachsenden Verkehr auf der Strecke gerecht zu werden, baute die Preußische Staatsbahn den Abschnitt zwischen Hagen und Brügge bis zum Mai 1913 zweigleisig aus. Den munteren Zugbetrieb, der allein zwischen Brügge und Marienheide im Jahre 1914 täglich 20 Zugpaare zählte, stoppte wie bei fast allen Strecken jäh der Erste Weltkrieg zwischen den Jahren 1914 und 1918. Nach der Besatzungszeit normalisierte sich wieder der Zugverkehr.

Krummenerl, die „Unvollendete“

Große Eisenbahnpläne hegten die Herrschaften mittlerweile auch im sauerländischen Örtchen Krummenerl. Um den dortigen Schotterbetrieben bessere Transportmöglichkeiten zu bieten, wurde im Juli 1927 von Krummenerl aus ein Bahnanschluss nach Meinerzhagen eröffnet. Die Bahnhofsanlage in Meinerzhagen erhielt ein Stellwerk, zwei zusätzliche Gleise und einen Bahnsteig für den vereinfachten Umstieg nach Krummenerl. Die Hoffnung, die Bahn von Krummenerl aus weiter über Olpe nach Kreuztal zu führen, scheiterte aber an finanziellen Problemen. Der Volksmund verpasste der Stichstrecke Meinerzhagen–Krummenerl deshalb den Namen „Die Unvollendete". Die mangelnde Perspektive dieser Strecke sorgte dafür, dass der Personenverkehr bereits im Jahre 1955 wieder eingestellt wurde. Bis heute hält sich aber ein Güterverkehr, der die Schotterbetriebe der Deutschen Bahn AG beliefert. Weil auch sonst der Bahnbetrieb auf vollen Touren weiterlief, baute die Bahn die Haltestationen immer weiter aus. Oberbrügge erhielt ein neues Bahnhofsgebäude und die Trasse zwischen Brügge und Oberbrügge im November 1926 ein zweites Gleis.

Wallfahrtsorte des Wintersports

In den 1930er-Jahren erwachte in Deutschland das Wintersportfieber. Immer mehr Menschen kurvten im Winter auf zwei Brettern durch den reichlich fallenden Schnee. Die Deutsche Reichsbahn reagierte auf den Trend und setzte zahlreiche Sonderzüge ein, um Skifahrer und Rodler auf die Piste zu bringen. Auch Marienheide und Meinerzhagen entwickelten sich zu Wallfahrtsorten des Wintersports. Die Reichsbahn schickte in den Märkischen Kreis ebenfalls Sonderzüge, in denen es vor Menschen und Skiern nur so wimmelte. Auch wegen des ständig steigenden Güteraufkommens musste die Reichsbahn reagieren: Im Jahre 1937 erhielt der Abschnitt zwischen Gummersbach und Dieringhausen ein zweites Gleis und die Kreisstadt Gummersbach ein neues Bahnhofsgebäude.

Von Kriegsschäden blieb die Volmetalbahn verschont. Die Strecke wurde jetzt für den oberbergischen Güterverkehr noch wichtiger, nachdem die Wiehltalbahn[6], die Aggertalbahn zwischen Köln und Gummersbach und die Wissertalbahn[7] wegen gesprengter Brücken und zerstörter Tunnel längere Zeit stillstanden. Das Ende der Strecke wurde jedoch schon eingeläutet. Die Feldbahn am Bahnhof Holzwipper wurde mangels Aufträgen bereits im Jahre 1941 stillgelegt. Anfang der 1950er-Jahre verlor Marienheide seinen Anschluss zur Leppetalbahn, die sich ebenfalls erübrigt hatte. Die Deutsche Bundesbahn setzte ab dem Jahre 1952 Eiltriebwagen für verkehrsschwache Zeiten ein. Die später als „Retter der Nebenbahn" gefeierten Schienenbusse brummten ab dem Sommer 1956 ebenfalls verstärkt durchs Volmetal.

„Äußerst schwach frequentiert"

Daneben setzte sich der Kahlschlag gnadenlos fort. Betriebsämter wurden aufgelöst und zum Winterfahrplan 1960/1961 baute man das zweite Gleis zwischen Oberbrügge und Brügge wieder ab. Weil im Mai 1964 auch der Personenverkehr in Richtung Radevormwald eingestellt war, stieg Oberbrügge zum Abzweigebahnhof ab, auf dem nur noch einige Güterzüge auf der Wuppertalbahn in Richtung Halver fuhren. Der Güterverkehr zwischen Marienheide und Meinerzhagen endete nach der Stückgutreform der Deutschen Bundesbahn im Mai 1976. Auch die Bahnhöfe verschwanden von der Strecke.

Der Bahnhof Holzwipper, der sich immer etwas zu abseits der Ortschaft befand, wurde im Januar 1975 geschlossen und das zweistöckige Bahnhofsgebäude abgerissen. Die Bundesbahn schloss ein Jahr später auch den Bahnhof Vollme für den Reisezugverkehr. Das gleiche Schicksal erlitten im Jahre 1983 die Bahnhöfe in Meinerzhagen und Kierspe. Das Bahnhofsgebäude in Kierspe, vor dem einst die Bahnbeamten so stolz posiert hatten, wurde in den 1980er-Jahren dem Erdboden gleich gemacht. Schon ab dem Sommerfahrplan des Jahres 1979 fuhren keine durchgehenden Züge mehr zwischen Hagen und Köln, sondern endeten bereits in Dieringhausen. Immerhin hielten sich bis Mitte der 1980er-Jahre noch die Wintersportzüge, die weiterhin für viel Betrieb auf den Bahnhöfen Meinerzhagen und Marienheide sorgten. Die Bundesbahn präsentierte zudem im Juni 1984 mit dem „Aggertaler" ein neues, modernes Zugkonzept, dass ein Jahr später mit der City-Bahn fortgesetzt wurde. Während die Züge mit den einheitlich lackierten Loks der Baureihe 218 die Aggertalbahn vor der Stilllegung bewahrten, konnte die Volmetalbahn davon nicht profitieren. Im Gegenteil: Der Verwaltungsrat der Bundesbahn beschloss bereits im Februar 1984, den „äußerst schwach frequentierten" Zugverkehr zwischen Marienheide und Brügge durch eine Buslinie zu ersetzen.[8]

Es war am 31. Mai 1986, als sich die Meinerzhagener Bevölkerung versammelte, um den letzten Personenzug der Volmetalbahn zu verabschieden. Das baufällige Bahnhofsgebäude wurde ein Jahr später abgerissen. Wahrscheinlich wäre selbiges mit den Gleisen passiert, doch die Strecke war für die Nato strategisch wichtig. Dieser Umstand sollte sich für die Strecke als Glücksfall erweisen. Immerhin hielten die von Gummersbach kommenden City-Bahnen gelegentlich noch in Marienheide. Doch auch dieser Restpersonenverkehr endete am 30. Mai 1987. Ein Jahr später folgte, bis auf den noch bis Ende Dezember 1997 bestehenden Verkehr zwischen Kotthaus und Gummersbach und den Abschnitt von Krummenerl nach Brügge, auch das Ende des Gütertransports. Die offizielle Stilllegung folgte aber erst im August 2002.

Fahr'n fahr'n fahr'n mit der „Dornröschenbahn"

Am Bahnhof Marienheide – inzwischen zu einem Torso geworden – waren bereits alle Signale und das Stellwerk abgerissen. Die Fahrkartenausgabe war geschlossen und nur noch ein kümmerliches Gleis erinnerte an den einst regen Zugverkehr. Bereits im Jahre 1985 hatte man in Marienheide die Abzweigung in Richtung Wipperfürth stillgelegt. Die Volmetalbahn war in einen Dornröschenschlaf gefallen, aus dem sie nur gelegentlich geweckt wurde. Der im Jahre 1978 in Lüdenscheid gegründete Bürgerverein zur Förderung des Schienenverkehrs führte in den 1990er-Jahren noch gelegentlich Sonderfahrten mit dem bezeichnenden Namen „Dornröschenbahn" durch.

Plötzlich aber stand die Volmetalbahn wieder vor einem Comeback. Die Aggertalbahn von Köln nach Gummersbach hatte sich durch die vielen Pendler inzwischen wieder im Eisenbahnnetz etabliert. Das Land Nordrhein-Westfalen stufte deshalb im Sommer 1998 in seinem Bedarfsplan des Öffentlichen Personen-Nahverkehrs den

Lückenschluss zwischen Brügge und Gummersbach als vordringlich ein. Sogar Geldmittel waren wieder im Haushalt vorgesehen. Zunächst wurde der Abschnitt von Gummersbach bis Marienheide saniert, auf dem ab April 2003 wieder die Talent-Triebwagen fuhren. Das Oberbergische Land erlebte damit eine Premiere: Erstmals war in der bergischen Region ein Stück stillgelegtes Gleis offiziell reaktiviert worden.

Gegen alle Widerstände

Der Verband Regionalnetz Bergisch-Märkisches Land verkündete im August 2003, auch auf der Bahnstrecke Marienheide–Brügge spätestens Ende 2006 wieder Züge fahren zu lassen.[9] Allerdings war dafür ein erheblicher baulicher Aufwand erforderlich – und auch Durchsetzungsvermögen, um den Widerstand der Bahngegner zu überwinden. Es waren in diesem Fall die Industrie- und Handelskammer Oberberg und der damalige CDU-Verkehrsminister Oliver Wittke, die sich gegen eine Reaktivierung der Volmetalbahn aussprachen. Am Ende siegten die Bahnbefürworter. Das Land Nordrhein-Westfalen bewilligte im Sommer 2008 für die Reaktivierung der Strecke von Marienheide nach Meinerzhagen finanzielle Mittel. Mit einem zweistelligen Millionenbetrag soll auf der Volmetalbahn ab Dezember 2013 wieder die Regionalbahn 25 rollen, Ende 2015 soll es weiter bis nach Brügge gehen. Die Gleise wurden bereits erneuert, neue Signale installiert und in Meinerzhagen und Kierspe sollen neue Gleiskörper wieder einen Kreuzungsverkehr ermöglichen.

Der Riesen-Bärenklau geht um

Wo auf der Volmetalbahn einst der Bahnhof Vollme stand, wucherte im Sommer 2012 die gefährliche Herkulesstaude. Eine leichte Berührung mit der auch unter dem Namen Riesen-Bärenklau bekannten Monsterpflanze verursacht schwerste Verbrennungen. An den Bahnbetrieb erinnert nur noch der überwachsene Rest-Bahnsteig. Die Bahn hatte das seit 1986 ungenutzte Gelände samt Ladestraße und Lagerhalle an einen Abbruchunternehmer verkauft. Weil sich nach dessen Tod keine Käufer fanden, riss die Stadt Kierspe das Gebäude im Mai 2009 ab.[10] Der eigentlich denkmalgeschützte Bahnhof Brügge wurde ebenfalls Opfer der Abrissbirne. Während sich die Trasse hinter Marienheide wieder in einem gepflegten Zustand befindet, wirken die restlichen Bahnhöfe im Sommer 2012 eher vergammelt. Am Bahnhof Meinerzhagen erinnern nur noch Gleisfragmente an die einstige Größe, in Marienheide wurde aus der Abzweigung nach Wipperfürth ein Radweg. Aus Marienheide soll aber im Zuge der Reaktivierung wieder ein Bahnhof werden, der mehr bietet als enge Bahnsteige und Verbotsschilder.

ÜBER DIE WIPPER

DIE WIPPERTALBAHN VON REMSCHEID-LENNEP NACH MARIENHEIDE

Eröffnet: 12. Mai 1876 (Abschnitt von Lennep nach Hückeswagen)
Stillgelegt: 24. Dezember 1997
Streckenlänge: rund 31 Kilometer
Stationen: Remscheid-Lennep, Bergisch-Born, Winterhagen, Hückeswagen, Bevertalsperre (Haltepunkt), Hämmern, Wipperfürth-West, Wipperfürth, Wipperfürth-Ost (Haltepunkt), Egerpohl (Haltepunkt), Klaswipper, Ohl-Rönsahl, Gogarten (Haltepunkt), Marienheide
Direkte Anschlüsse zu anderen bergischen Nebenstrecken: Volmetalbahn, Wuppertalbahn, Balkantrasse
Jetzige Nutzung: Rad- und Wanderweg, Gewerbeflächen
Reaktivierung: nahezu ausgeschlossen, weil große Teile der Trasse überbaut wurden

Die Bahn sorgt für Betrieb und Beschäftigung: der Bahnhof Ohl-Rönsahl mit seiner Belegschaft kurz nach seiner Eröffnung im Jahre 1902.

Tenderlok 93 893 passiert im Jahre 1934 eine Notbrücke bei Winterhagen in Richtung Wipperfürth. Das Tunnelgewölbe musste wegen eines Wassereinbruchs saniert werden.

Eine Geisterbahn im Grünen: Im Sommer 2010 lagen noch Gleise auf der Wippertalbahn, wie hier kurz hinter Hückeswagen an der Bevertalsperre

Aussortiert: Im Februar 2012 war das Betriebsgelände des Bahnhofes Wipperfürth praktisch dem Erdboden gleich gemacht. Rechts verläuft bereits der neue Alleenradweg „Wasserquintett".

Wie eine Geisterbahn durchs Grüne wirkte im Sommer 2010 die Trasse der Wippertalbahn. Zu diesem Zeitpunkt war zwischen Hückeswagen und Lennep das stillgelegte Gleis fast durchgehend vorhanden. Der Zahn der Zeit nagte jedoch bereits unerbittlich an einer der „schönsten Bahnlinien im Bergischen Land".[11] Die meisten Gleise waren zu diesem Zeitpunkt überwuchert, der Höhsiepener Tunnel versperrt und die meisten Brücken abgerissen. Der Großteil der restlichen Gleise ist mittlerweile nahezu komplett demontiert. Mit dem weiteren Ausbau des Radweges ab Marienheide ist die rund 30 Kilometer lange Wippertalbahn – benannt nach dem in Wipperfürth fließenden Fluss Wipper – nur noch Bahngeschichte.

Ein Transport für die Tücher

Die benachbarten Städte Wipperfürth und Hückeswagen waren bekannt, edle Tuchwaren herzustellen. Um die Ware zu den Abnehmern nach Remscheid und Wuppertal zu bringen, waren die Pferdefuhrwerke Ende des 19. Jahrhunderts bereits viel zu langsam. Eine Eisenbahnverbindung versprach einen schnelleren Transport. Die Tuchindustrie war deshalb brennend an einer Eisenbahnverbindung zwischen diesen beiden Städten interessiert. Die Industrie an Wipper und Wupper wuchs zudem rasant an. Der Staat Preußen befürwortete diese Bahnverbindung ebenfalls und erteilte am 17. Oktober 1870 der Bergisch-Märkischen Eisenbahngesellschaft eine Konzession für den Bau einer Eisenbahn vom damals noch selbstständigen Lennep nach Wipperfürth. Ein Abzweig führte zudem vom Bahnhof Bergisch Born aus nach Wermelskirchen zur sogenannten Balkantrasse[12] und später bis nach Opladen.

Ein Weg nach Wuppertal

Zwei Jahre später startete der Bau der Strecke, die am 12. Mai 1876 mit dem Teilabschnitt von Lennep nach Hückeswagen und dem ersten Güterzug offiziell eröffnet wurde. Der Personenverkehr folgte wie die Strecke nach Wermelskirchen nur drei Tage später. Der nächste Abschnitt nach Wipperfürth war dann im Dezember desselben Jahres fertiggestellt. Die Wippertalbahn entwickelte sich zunächst vielversprechend. Immer mehr Personen- und Güterzüge schnauften durch das Bergische Land. Und zwar so zahlreich, dass der Abschnitt zwischen Bergisch Born und Lennep im Jahre 1893 sogar zweigleisig ausgebaut wurde. Geplante Anschlüsse zur Sülztalbahn[13] nach Lindlar, nach Bergisch Gladbach oder gar bis in den Südharz wurden allerdings trotz mehrerer Anläufe nie realisiert.

Parallel errichtete die Betreibergesellschaft Bahnhöfe und Haltestellen in den Nachbarorten Winterhagen und Hämmern. Und die Strecke wurde weiter ausgebaut: Marienheide erhielt im Jahr 1902 von Wipperfürth aus seinen Bahnanschluss, womit ein Anschluss zur Volmetalbahn[14] geknüpft war, die bis ins westfälische Hagen führte. Um das Verkehrsangebot zu erhöhen, setzte die Preußische Staatsbahn im Jahre 1909 die ersten Triebwagen ein. Bahnhöfe wurden erweitert, zusätzliche Abstellgleise gebaut und Lokstationen errichtet. Mit dem Bau einer Abzweigung von Wipperfürth aus nach Anschlag war zudem ab dem Jahre 1910 eine schnelle Verbindung zur Wuppertalbahn[15] geschaffen. Auch der Erste Weltkrieg konnte der Strecke nicht dauerhaft schaden. Spätestens ab dem Jahre 1924 normalisierte sich der Fahrbetrieb wieder. Durch die Erweiterung der Bevertalsperre stieg der Frachtverkehr sogar noch einmal sprunghaft an. Erst der Zweite Weltkrieg reduzierte den Zugverkehr erneut. Zudem wurden die Bahnhöfe in Hückeswagen und Wipperfürth durch Bombenangriffe schwer zerstört.

Ein „Schildbürgerstreich“

Nach Kriegsende erholte sich der Fahrbetrieb aber schnell wieder. Um den Bahnbetrieb effizienter zu gestalten, kamen ab den 1950er-Jahren verstärkt Schienenbusse zum Einsatz. Zusätzliche Haltepunkte in Klaswipper und an mehreren Stellen in Wipperfürth sorgten bei der Bevölkerung für regen Zuspruch. Die Fahrgastzahlen zogen erneut an.

Das zerstörte Bahnhofsgebäude in Hückeswagen wurde im Jahre 1956 durch einen Neubau ersetzt und im Oktober feierlich eingeweiht. Um die Güterzüge zu entlasten, stationierte die zuständige Bahndirektion im Sommerfahrplan 1957 am Bahnhof Wipperfürth die Kleinlok Köf II. Im März 1961 war dann auch der Bahnhof in Wipperfürth neu errichtet. Damals schrieb die „Bergische Landeszeitung“, dass „nichts das Vertrauen, das die Bundesbahn auf ihre Zukunft setzt, besser dokumentieren könne als der soeben eingeweihte neue Bundesbahnhof Wipperfürth“.[16] Doch die Zeitung irrte sich: Schon kurz danach tauchten erste Stilllegungsgerüchte auf, was die örtliche Presse noch als „Schildbürgerstreich“ kommentierte.[17]

Das Aus für Anschlag

Von dem Druck der damaligen Bundesregierung auf die Bundesbahn, sich von unrentablen Nebenstrecken zu trennen, war schließlich auch die Wippertalbahn betroffen. Die Bahndirektion Wuppertal verkündete bereits im Dezember 1958, die mittlerweile völlig unrentable Abzweigung von Wipperfürth nach Anschlag stillzulegen, was im Oktober 1960 auch geschah.[18] Bereits im Juni 1961 existierte diese Trasse nicht mehr. Die Demontage ging danach unvermindert weiter.

Im Sommer 1960 machte die Bahn an den Stationen Winterhagen und Ohl-Rönsahl die Stückgutabfertigungen dicht. Durch eine umfassende Reform des Güterverkehrs verschwanden auch die durchgehenden Güterzüge zwischen Dieringhausen und Lennep. In den 1970er-Jahren wandelte die Bahn die Bahnhöfe Ohl-Rönsahl und Winterhagen in unbesetzte Haltepunkte um, die bald darauf ganz geschlossen wurden. Der Sommer 1975 sorgte für eine weitere Stückgutreform der Bundesbahn und damit für das Ende der Güterverladung in Marienheide, Wipperfürth und Hückeswagen. Die Zahl der Güter- und Personenzüge schrumpfte in den nächsten Jahren zusehends.

Auffallend hastig abgebaut

Die Verantwortlichen planten für den Sommerfahrplan 1985 bereits das völlige Aus für den Reisezugverkehr zwischen Remscheid-Lennep und Marienheide. Weil für die Schüler am Gymnasium Wipperfürth aber noch kein ausreichender Busverkehr vorhanden war, verschob die Bahn die Stilllegung noch einmal. Die Schülerzüge verkehrten noch bis zum 31. Mai 1985 von Wipperfürth-Ost bis Remscheid-Lennep, dann war auch hier Feierabend. Schon zuvor hatte die Bahndirektion zwischen Lennep und Marienheide von samstags bis montags alle Züge gestrichen und parallel den Busverkehr ausgebaut. Die Wippertalbahn siechte nun langsam vor sich hin, der Tod folgte in den 1990er-Jahren. Der letzte Güterzug zwischen Wipperfürth und Remscheid verkehrte am 31. Dezember 1995. Weil der Lüdenscheider Bürgerverein zur Förderung des Schienenverkehrs dort mit einem Museumsbetrieb liebäugelte, hatte die Bundesbahn schon im Herbst 1986 die Gleise zwischen Marienheide und Wipperfürth auffallend hastig abgebaut.

Auch die Interessengemeinschaft Bergische Bahnen wollte die Strecke erhalten, das Konzept eines Abfalltransportes setzte sich jedoch nicht durch. Im Jahr 1998 endete dann der zwischen dem Land NRW und der Bahn abgeschlossene Trassensicherungsvertrag.

„Pure Traumtänzerei"

Noch aber existierte zwischen Wipperfürth und Remscheid-Lennep das komplette Gleisbett. Anfang des Jahres 2001 gab es einen ersten zaghaften Reaktivierungsversuch. Bei einer Sitzung des Entwicklungssausschusses des Oberbergischen Kreises beantragte der Interessenverband „Pro Bahn" allerdings vergeblich eine Debatte über die stillgelegte

Bahnstrecke. Den nächsten Versuch starteten die Mitglieder der Remscheider Agenda-21-Gruppe, die im November 2002 Unterschriften für eine Reaktivierung sammelten.[19]

Obwohl bereits umfangreiche Pläne zur Gewerbeansiedlung bestanden, hofften die Bahnbefürworter noch. Besonders, als im Jahre 2004 dem Landesbetrieb Straßenbau NRW ein kleines, aber wesentliches Detail auffiel: Die stillgelegte Bahnstrecke war immer noch im Bedarfsplan der „Integrierten Gesamtverkehrsplanung" des Landes Nordrhein-Westfalen verzeichnet. Und laut diesem Plan sollte diese Strecke früher oder später reaktiviert werden.

Diese Nachricht löste bei der örtlichen Politik und Wirtschaft umgehend heftigen Protest aus. Rainer Lessenich, Geschäftsführer der Zweigstelle Gummersbach der Industrie- und Handelskammer (IHK), bezeichnete eine Reaktivierung als „pure Traumtänzerei". Und auch Wipperfürths damaliger Bürgermeister Guido Forsting sah seine Pläne, die Trasse mit Gewerbe, Discountern und Straßen zu überbauen, ernsthaft gefährdet.[20]

Bis zu diesem Zeitpunkt schien der Ausgang offen, eine Reaktivierung hätte jedoch allein wegen der bereits abgerissenen Brücken einen finanziellen Millionenaufwand bedeutet. Die Situation für die Strecke verschlechterte sich wieder, als die damalige NRW-Landesregierung im Mai 2005 den Kommunen ein Antragsrecht auf Durchführung eines Entwidmungsverfahrens für nicht mehr benötigte Bahnflächen bewilligte. Der damalige CDU-Landesverkehrsminister Oliver Wittke unterstützte zudem die Bahngegner. Wittke ermunterte bei einem Besuch die Stadt Wipperfürth, doch die Entwidmung der Bahnstrecke zu beantragen – was die Stadt im Mai 2006 prompt erledigte.[21]

Drahtesel statt Draisine

Rasch kam dann Post aus Köln. Das Eisenbahnbundesamt teilte der Stadt Wipperfürth im Februar 2007 mit, dass die Bahnstrecke durch Wipperfürth endgültig „freigestellt" werde – und zwar schon ab dem 28. Dezember 2006. Damit verzichtete das Amt darauf, die Bahntrasse und die übrigen Bahngelände für eine eventuelle Reaktivierung bereitzuhalten. Die Grundstücke konnten verkauft werden und die anliegenden Städte und Gemeinden mit der Vermarktung beginnen.[22]

Ein geplanter Draisinenbetrieb als Touristenattraktion zwischen Bergisch Born und Lennep scheiterte an fehlenden Sponsoren. Die gesamte Bahntrasse entlang der Wipper und Wupper wurde stattdessen mit Millionenaufwand zu einem Radweg umgebaut. Ein erster Abschnitt zwischen Hückeswagen und Wipperfürth wurde im Mai 2010 unter der Bezeichnung Alleenradweg Wasserquintett für Radler und Fußgänger freigegeben.[23] Wo an der Ausfahrt des Bahnhofs Hückeswagen einst eine Brücke über die Trasse führte, werden die Autos mittlerweile über einen Kreisverkehr geführt.

Die Region an den Flüssen Wipper und Wupper wird nun nicht mehr mit der Bahn, sondern wie bei vielen anderen Trassen im Bergischen Land per Drahtesel erkundet. An die Wippertalbahn erinnert in Wipperfürth seit März 2013 ein Schienenbus, der zu einem Museum ausgebaut werden soll.

BROMBEEREN AUS DEM BALKAN

DER BALKANEXPRESS VON REMSCHEID-LENNEP NACH OPLADEN

Eröffnet: 12. Mai 1876 (Abschnitt zwischen Lennep und Wermelskirchen)
Stillgelegt: 24. Dezember 1997
Streckenlänge: rund 28 km
Stationen: Remscheid-Lennep, Bergisch Born, Wermelskirchen, Wermelskirchen-West, Tente (Haltepunkt), Unterstraße, Hilgen, Burscheid, Burscheid Rathaus, Kuckenberg (Haltepunkt), Pattscheid, Grund, Bergisch Neukirchen (Haltepunkt), Opladen
Direkte Anschlüsse zu anderen bergischen Nebenstrecken: Wippertalbahn, Wuppertalbahn
Jetzige Nutzung: Radweg und Umgehungsstraße
Reaktivierung: nahezu ausgeschlossen, weil viele Trassenbereiche überbaut sind

Eine Bahnfahrt durch den „Balkan“ bei Bergisch Neukirchen mit Lok 38 1557 im Mai 1938.

Eine zweigleisige Nebenbahn war zeitweise die Balkanlinie zwischen Remscheid-Lennep und Opladen. Im Juli 1983 hält Diesellok 212 0749 mit einem Nahverkehrszug auf der oberen Ebene im Bahnhof Pattscheid.

Der Bahnhof Pattscheid untere Ebene im Juni 2011: Das Wartehäuschen steht noch, den Rest verschlingt die Natur.

Unter dem Busch liegt die Bahn: Kurz hinter dem Bahnhof Wermelskirchen lag im Sommer 2011 noch ein Gleisstück. Der Rest wich unter anderem der links verlaufenden Umgehungsstraße.

Die Strecke zwischen Opladen und Remscheid-Lennep ist nicht die einzige deutsche Nebenbahn, der der Volksmund den Namen Balkanexpress verpasste. Mit dieser Bezeichnung sind in der Regel Strecken gemeint, die durch eher dünn besiedeltes Gebiet führen. Dieser Umstand sorgte neben dem wachsenden Desinteresse von Politik und Bundesbahn schließlich für das Ende des Balkanexpress'. Die Fahrgastzahlen der Personenzüge, die durch die kleinen Ortschaften oder über die menschenleeren Pampas fuhren, schrumpften zusehends, obwohl die Strecke als eine der wenigen Nebenbahnen sogar zwischenzeitlich zweigleisig war. Nachdem die Balkantrasse stillgelegt worden war, wuchsen jahrelang nur noch Brombeerbüsche hier.

Zuviel Berg und Tal

Es war wie so oft im Eisenbahnzeitalter des 19. Jahrhunderts, dass die ansässige Industrie zwischen Remscheid und Opladen einen Schienenanschluss für die Region forderte. Die Eisen- und Stahlwarenindustrie der damals noch selbstständigen Stadt Lennep wollte für den Warentransport unbedingt per Schiene mit der rheinischen Handelsmetropole Köln verbunden werden. Ein Komitee aus einflussreichen Persönlichkeiten forderte deshalb eine Bahnlinie von Barmen durch das Dhünntal bis Köln. Die bereits 1844 erstmals gehegten Pläne scheiterten jedoch an der fehlenden Finanzierung. So schnell gaben die Lenneper aber nicht auf. Die Lenneper Handelskammer richtete im Juni 1858 eine Anfrage an das Ministerium für Handel, Gewerbe und öffentliche

Arbeiten in Berlin für den Bau einer Zweigbahn von Oberbarmen, das damals noch Rittershausen hieß, über Lennep nach Remscheid. Diesmal hatte das Komitee mehr Glück: Die Generalversammlung der zuständigen Bergisch-Märkischen Eisenbahngesellschaft genehmigte am 31. Oktober 1863 den Bau dieser Zweigbahn.

Die Bauzeit verzögerte sich jedoch wegen der zahlreichen Steigungen auf dem Terrain. Erst fünf Jahre später wurde die Verbindung von Oberbarmen über Lennep nach Remscheid am 1. September 1868 eröffnet. Die erhoffte Weiterführung bis nach Opladen war immer noch nicht beschlossen. Zumal Pläne der Rheinischen Eisenbahngesellschaft bekannt wurden, eine Bahn von Köln über Elberfeld in das Ruhrgebiet zu bauen. Diese Strecke hätte für die Verbindung nach Opladen das Aus bedeutet.

Bauern gegen die Bahn

Die Bergisch-Märkische Eisenbahngesellschaft gewann am Ende den Wettstreit der beiden konkurrierenden Bahnunternehmen. Die Aktionäre der Gesellschaft beschlossen am 18. Oktober 1869, zunächst die Schienen von Lennep über Born und Hückeswagen bis nach Wipperfürth weiter zu führen. Kurze Zeit später erhielt die Gesellschaft auch eine Genehmigung für den Bau einer Verbindungsbahn von Lennep über Burscheid und Wermelskirchen bis nach Opladen. Dort sollte die Trasse in die bereits seit April 1868 bestehende Bahnlinie Deutz–Gruiten münden und damit eine schelle Verbindung an den Großraum Köln schaffen. Die Menschen in den einzelnen Städten und Gemeinden freuten sich – bis auf die in Bergisch Neukirchen. Die Gemeinde zwischen Burscheid und Opladen wollte für das Projekt nicht ihre Äcker und Wälder opfern, verhindern konnten die Landwirte den Bahnbau aber nicht. Der Bauarbeiten starteten schließlich offiziell am 11. Dezember 1872 und gerieten wieder ins Stocken. Schuld waren die plötzlich auftretenden finanziellen Probleme der Bergisch-Märkischen Eisenbahngesellschaft. Die Gesellschaft hatte sich mit den Bau zu vieler Nebenbahnlinien schlicht übernommen. Somit war am 12. Mai 1876 zunächst nur der acht Kilometer lange Abschnitt von Lennep bis nach Wermelskirchen fertiggestellt. Weil parallel der Abschnitt von Lennep nach Hückeswagen für die Wippertalbahn[24] abgeschlossen war, feierten die Menschen zwei Tage lang diese damals noch bedeutenden Ereignisse.

Fluchen statt feiern

In Burscheid wurde nicht gefeiert, sondern geflucht. Dort warteten Industrie und Handel immer noch auf die Eisenbahn. Die zahlreichen Webereien, Färbereien und Mühlen sehnten den Anschluss förmlich herbei. Damals war die Eisenbahn noch unverzichtbar, um konkurrenzfähig zu bleiben. Doch die finanziell angeschlagene Bergisch-Märkische Eisenbahngesellschaft baute nicht weiter über Burscheid bis nach Opladen, sondern stellte zunächst bis Ende des Jahres 1876 den Abschnitt der Wippertalbahn von Hückeswagen nach Wipperfürth fertig. Dauerhaft konnte sich die Gesellschaft dem

Ansinnen aber nicht entziehen. Das Handelsministerium forderte im Jahre 1878 die Verantwortlichen auf, die Strecke jetzt endlich in Angriff zu nehmen; andernfalls würde der Staat Preußen die Baukonzession entziehen. Derart unter Druck gesetzt, reagierte das Unternehmen: Im August 1878 wurden die Bauarbeiten in Burscheid wieder aufgenommen. Die Arbeiter schlugen sich über Hilgen und Burscheid zwei mühsame Jahre lang bis Opladen durch. Nach der polizeilichen Abnahme im September 1881 war auch dieser Anschluss geschafft.

Das letzte Vermächtnis

Böllerschüsse und bengalische Feuer begleiteten am 15. Oktober 1881 die offizielle Eröffnung des Personenverkehrs. Wie damals üblich bei den Eisenbahnpremieren im Bergischen Land feierten die Honoratioren den Anschluss an den „Weltverkehr" mit Festessen und Extrafahrten. Selbst die so oft kritisierte Bergisch-Märkische Eisenbahngesellschaft wurde bei den Festreden ausführlich gelobt – und dann ein Jahr später dennoch verstaatlicht. Die Eisenbahn von Lennep nach Opladen war ihr letztes Vermächtnis an das bergische Eisenbahnzeitalter. Auf den Jubel folgte jedoch schnell Ernüchterung. Der Balkanexpress war nämlich eine Nebenbahn mit allen Nachteilen wie Eingleisigkeit, fehlende Schranken und geringe Zugfrequenz. Die zunächst vier Personenzüge pro Richtung fuhren außerdem im Schneckentempo, weil sich Güter- und Personenverkehr immer wieder in die Quere kamen. Die Handelskammer Lennep forderte deshalb beim Ministerium für öffentliche Arbeiten umgehend, die Strecke zur Vollbahn zur erweitern. Die Eisenbahndirektion Elberfeld als Nachfolger der Bergisch-Märkischen Eisenbahngesellschaft sah jedoch in der Zweigleisigkeit wegen der vielen Kurven und Steigungen keinen nennenswerten Vorteil. Das Ansinnen wurde zunächst abgelehnt, zumal es mit der Einweihung der berühmten Müngstener Brücke im Jahre 1897 jetzt eine schnellere Verbindung von Remscheid nach Köln gab. Doch die Forderungen waren schließlich auch auf dem „Balkan" erfolgreich. Der Abschnitt zwischen Bergisch Born und Opladen wurde bis zum Frühjahr 1910 zweigleisig ausgebaut. Damit gehörte die Strecke im damaligen Eisenbahnbetrieb zu den Exoten. Noch im Jahre 1933 waren von 765 Nebenbahnkilometern nur rund 40 Kilometer zweigleisig ausgebaut, davon immerhin 28 Kilometer für die Verbindung von Lennep nach Opladen. Die Aufwertung zur Hauptbahn verhinderten allerdings fehlende Merkmale wie dichte Zugfolgen oder Vollschrankenbetrieb.

Ein Rückschlag mit Trostpflaster

Die Hoffnung auf eine Hauptbahn beendete der Ausbruch des Ersten Weltkrieges im Jahre 1914. Der Staat brauchte das Geld nun für Schusswaffen und nicht für Schienen. Nach Kriegsende kriselte es im „Balkan", aber auch im Nebenbahnverkehr. Dafür sorgte neben der Weltwirtschaftskrise im Jahre 1929 auch die zunehmende Omnibuskonkurrenz. Zudem fehlten ausreichend durchgehende Züge zwischen Lennep und Köln. Die Fahrgastzahlen beim Personenverkehr hatten sich dadurch nach drei Jahren bis zum Jahre 1931 nahezu halbiert. Von diesem Rückschlag sollte sich der Balkanexpress nie mehr erholen. Die Bundesbahndirektion Wuppertal richtete zwar zwischen Wermelskirchen und Opladen ab dem Jahre 1952 mehrere Bedarfshaltestellen für Schienenbusse ein, doch der Rückbau auf die Eingleisigkeit war bereits beschlossene Sache. Die Region erhielt ein kleines Trostpflaster: Die Bahndirektion beschloss im November 1958, die Nebenbahn zur eingleisigen Hauptbahn aufzuwerten. Die Strecke behielt diesen Status, bis der erste Teilabschnitt im Jahre 1983 stillgelegt wurde.

Der Mond über Tente

Obwohl die Höchstgeschwindigkeit jetzt von 50 auf 80 Kilometer angehoben war und die Schienenbusse von Schülern und Berufstätigen rege genutzt wurden, blieb die Strecke offensichtlich unrentabel. Dafür sorgte die Bahn aber auch selbst, in dem sie parallel zum Zugverkehr immer mehr Omnibusse einsetzte. Dem Schienenstrang wurde damit zunehmend das Wasser abgegraben, speziell zwischen Lennep und Hilgen setzte ein dramatischer Fahrgastschwund ein. Die jetzt zuständige Bundesbahndirektion Köln reagierte damit, dass sie den Abschnitt zwischen Bergisch Born und Hilden am 28. Mai 1983 offiziell stilllegte. Die Fahrt des letzten durchgehenden Zuges zwischen Lennep und Opladen blieb nicht unbemerkt. Am Haltepunkt Tente drängelten sich an diesem Tag die Fahrgäste. Die ansässige Schule hatte eine Abschiedsfahrt mit Trauerkranz und historischen Kostümen organisiert. Erinnerungen wurden wach, als der Haltepunkt Tente im Jahre 1969 sogar als Filmkulisse für den Erfolgsfilm „Wenn süß das Mondlicht auf den Hügeln schläft“ diente. Jetzt schlief hier nur der Zugverkehr ein. Damit war in Tente auch das Ende der kleinen Bahnhofsgaststätte gekommen, in der die rührige Pächterin Maria Schumacher runde 44 Jahre lang Fahrgäste und Eisenbahner mit ihren legendären Schnitzeln versorgt hatte.

Sogar der Fahrplan fehlte

Dem Balkanexpress fehlte nun das „Mittelstück“, sodass die Züge entweder nur noch von Opladen bis Hilgen und von Lennep bis nach Wermelskirchen fuhren. Eine mögliche Reaktivierung verhinderte die Bundesbahn, indem sie 1985 das Gleis zwischen Hilgen und Wermelskirchen kurzerhand abbaute. Auch die einst umfangreiche Gleisanlage am Bahnhof Wermelskirchen wurde reduziert und im Januar 1988 die Stückgutabfertigung geschlossen. Inzwischen war das Urteil auch über den Abschnitt Opladen–Hilgen gefällt. Die Bahn reduzierte das Zugangebot immer weiter, setzte für die wenigen Fahrten einen wenig attraktiven Akku-Triebwagen ein und übergab die Bahnhöfe und Haltepunkte dem unkontrollierten Verfall. Am Bahnhof Hilgen hing in den letzten Jahren kein Fahrplan mehr aus. Keine einladende Atmosphäre für Bahnnutzer, die bei diesem mangelnden Service immer weniger über den „Balkan" brettern wollten. Der Fahrgastrückgang spielte der Bundesbahn in die Hände, die zum 31. Mai 1991 auch den Abschnitt zwischen Opladen und Hilgen stilllegte. Zwischen Lennep und Wermelskirchen existierte bis 1994 noch ein sporadischer Güterverkehr. Nur noch ein einziges Mal, im August 1993, setzte die Bahn in dem zur Endstation degradierten Bahnhof Wermelskirchen wegen der dortigen Kirmes Personenzüge ein.

„Die Bahn ist tot"

Damit war der Balkanexpress aber noch nicht endgültig gestorben. Verbände wie die „Pro Bahn" oder der Verkehrsclub Deutschland, aber auch die anliegenden Städte und Gemeinden hielten die Strecke nach wie vor für unverzichtbar. In Wermelskirchen war deshalb zunächst angedacht, Straße und Bahntrasse zu tauschen. Damit sollten die geplante Umgehungsstraße für Wermelskirchen und zugleich die Reaktivierung gesichert werden. Im Bedarfplan für den Öffentlichen Personen-Nahverkehr des Landes Nordrhein-Westfalen war die Strecke ebenfalls für eine Reaktivierung vorgesehen. Sogar das fehlende Mittelstück zwischen Hilgen und Wermelskirchen sollte optional wieder eingebaut werden. Doch am Ende wurde nur die Umgehungsstraße gebaut. Die Front der Befürworter bröckelte: Der Leverkusener Planungsausschuss sprach sich im November 1999 dafür aus, die Strecke endgültig ruhen zu lassen. Dagegen wiederum protestierte zunächst der Burscheider Rat, der in einer Resolution die Wiederbelebung forderte. „Wir wollen die für die zukünftige Entwicklung unserer Stadt bedeutsame Bahnlinie nicht sterben lassen", betonte Burscheids SPD-Chef Wolfgang Brost.[25] Doch auch Burscheid scherte drei Jahre später aus dem Kreis der Befürworter aus. Mit den Stimmen von CDU, FDP und der Unabhängigen Wählergemeinschaft (UWG) wurde die Verwaltung beauftragt, die Trasse aus dem ÖPNV-Bedarfsplan des Landes zu streichen. „Die Bahn ist tot", erklärte UWG-Mitglied Gerd Pieper. Zumindest wollten die Politiker aber die Trasse nicht einfach mit Gewerbe überbauen.[26]

Ein Unternehmen der Vergangenheit

Während die Trasse zuwucherte und Bahnbefürworter immer noch auf eine Reaktivierung hofften, nahmen die Dinge ihren Lauf. Die Bahn AG gab die Trasse im Sommer 2011 frei, damit dort ein Radweg entstehen konnte. Die letzten Gleise wurden entfernt, der Bahnhof Burscheid abgerissen und der Panorama-Radweg Balkantrasse von Burscheid bis nach Remscheid-Lennep im April 2012 festlich eröffnet. Und so feierten die Menschen in Wermelskirchen, Remscheid und Burscheid am 22. April 2012 kurioserweise das Ende einer über hundertjährigen Epoche, die von früherer Generation einst so herbeigesehnt wurde. Wer die Balkanbahn heute sehen will, muss auf einen Amateurfilm zurückgreifen. Der Film heißt bezeichnenderweise „Unternehmen Vergangenheit".[27]

KLEINBAHN, KOHLEN UND EIN „KANINCHEN“

VIERMAL STILLGELEGT ENTLANG DER RHEINISCHEN STRECKE

Eröffnet: 15. September 1879 (Abschnitt zwischen Düsseldorf-Derendorf und Hagen)
Stillgelegt: 17. Dezember 1999 (Wuppertaler Nordbahn zwischen Vohwinkel und Wichlinghausen)
Streckenlänge: rund 16 Kilometer (Wuppertaler Nordbahn zwischen Vohwinkel und Wichlinghausen)
Stationen: Wuppertal-Vohwinkel, Wuppertal-Lüntenbeck (Haltepunkt), Wuppertal-Varresbeck, Wuppertal-Dorp (Haltepunkt), Wuppertal-Ottenbruch, Wuppertal-Mirke, Wuppertal-Ostersbaum (Haltepunkt), Wuppertal-Loh, Wuppertal-Rott (Haltepunkt), Wuppertal-Heubruch, Wuppertal-Oberbarmen, Wuppertal Langerfeld, Wuppertal-Wichlinghausen
Direkte Anschlüsse zu anderen bergischen Nebenstrecken: Hattinger Kohlenbahn, Kleinbahn Loh–Hatzfeld
Jetzige Nutzung: Rad- und Fußweg, Draisinenverkehr
Reaktivierung: Reaktivierung theoretisch möglich, Trasse noch vorhanden

Mitten durch den Wuppertaler Norden verlief teilweise die Rheinische Strecke. Im Februar 1976 verlässt 053 075 den Bahnhof Wuppertal-Mirke.

Mächtige Bauwerke prägten die Rheinische Strecke wie hier der Viadukt über der Bartholomäusstraße. Am 31. Mai 1985 fährt Akku-Triebwagen 815 781/515 630 in Richtung Bahnhof Wuppertal-Heubruch.

Mächtige Viadukte, zahlreiche Tunnel und repräsentative Bahnhofsgebäude – die Strecke von Düsseldorf-Derendorf nach Dortmund-Süd, besser bekannt als die Rheinische Strecke, zählt im Wuppertaler Norden zu den aufwendigsten Trassen im Bergischen Land. Und mit der Hattinger Kohlenbahn, der Kleinbahn Loh–Hatzfeld und der Strecke Schee–Silschede sind gleich drei mittlerweile stillgelegte Nebenbahnen untrennbar mit der Geschichte der „Rheinischen“ verbunden. Doch auch die „Rheinische“ musste bluten und ist nur noch in Fragmenten vorhanden.

Vom Rhein an die Ruhr

Die Rheinische Eisenbahngesellschaft zählte neben der Köln-Mindener- und der Bergisch-Märkischen Eisenbahngesellschaft im 19. Jahrhundert zu den großen Bahnbauunternehmen. Im Gegensatz zu der Bergischen-Märkischen und Köln-Mindener Konkurrenz konzentrierte sich die Rheinische Gesellschaft zunächst auf den linksrheinischen Raum. Ein großer Durchbruch ergab sich im August 1837, als das Königreich Preußen dem Unternehmen die Konzession zum Bau einer Bahnstrecke von Köln über Aachen nach Antwerpen erteilte.

Als die komplette Strecke am 15. Oktober des Jahres 1843 fertiggestellt war, galt die Linie von Köln nach Antwerpen als „Geburtsstunde des grenzüberschreitenden Eisenbahnverkehrs in Europa“.[28] Inzwischen baute die Bergisch-Märkische mit neuen

Strecken im Bergischen Land ihr Refugium immer weiter aus. Doch die „Rheinische“ hatte durch den Erfolg der deutsch-belgischen Linie Blut geleckt und wollte im rechtsrheinischen Raum ebenfalls mitmischen. Mit den Strecken von Krefeld nach Essen ab September 1866 und der Güterstrecke von Mülheim an der Ruhr bis Troisdorf ab November 1874 drang die Rheinische Gesellschaft jetzt immer weiter vom Rhein in Richtung Ruhr vor.

Doppelt gemoppelt

Nun wollte ihr Präsident Gustav von Mevissen auch den Bergischen und Märkischen Kreis per Bahn erobern. Deshalb beantragte die Gesellschaft am 20. Juni 1872 beim zuständigen preußischen Ministerium den Bau einer Strecke von Düsseldorf-Derendorf nach Dortmund-Süd. Die Strecke sollte parallel zur bereits seit dem Jahre 1841 bestehenden Linie Düsseldorf–Elberfeld–Dortmund der Bergisch-Märkischen-Eisenbahn verlaufen. Handel und Industrie begrüßten diese Pläne, weil die Bergisch-Märkische Linie den wachsenden Güterverkehr allein nicht mehr bewältigen konnte. Die Züge auf der Bergisch-Märkischen-Linie mussten im Bereich Hochdahl mit Hilfe von Seilzügen eine Steigung von 33 Promille überwinden, was erheblich Zeit kostete. Dennoch dauerte es rund ein Jahr, bis die Konzession bewilligt war und die Gesellschaft mit dem Bau beginnen konnte. Ein ehrgeiziges Projekt, denn die einfache Linienführung im Tal hatte die Bergisch-Märkische bereits mit besagter Bahnstrecke Elberfeld–Dortmund realisiert.

Vorwärts in den vierten Stock

Die Rheinische Gesellschaft musste für ihre Berg- und Talbahn enorme Erdschichten auftürmen und aufwendige Viadukte und Tunnel errichten. Das war nötig, um die Höhenunterschiede besonders in den heutigen Wuppertaler Stadtgebieten Barmen und Elberfeld zu überwinden. Ganze sechs Jahre dauerte es, bis die Rheinische Strecke fertig war und am 15. September des Jahres 1879 eröffnet wurde.

Ausgangsstation war der bereits im Januar 1877 fertiggestellte Rheinische Bahnhof in Düsseldorf-Derendorf. Die Kosten während des Baus waren förmlich explodiert. Das Geld wurde knapp und deshalb mussten die Bauherren auf den ursprünglich geplanten Schlossbahnhof Mirke mit drei Wartesälen und 65 Hotelzimmern verzichten. Das Empfangsgebäude fiel dann wesentlich bescheidener aus.

Die Strecke verlief in großen Teilen – bis auf den Bereich zwischen Düsseldorf-Gerresheim und Wuppertal-Vohwinkel – parallel neben der Bergisch-Märkischen Linie. Besonders die Firma Luhns sollte von der Strecke profitieren, denn die Güterzüge konnten von der „Rheinischen“ direkt in den vierten Stock der Fabrikhalle an der Schwarzbach hineinfahren. Auch die Stahlbetriebe Holzrichter nutzten ab 1900 die günstige Anbindung an die Bahn.

Die Früchte dieser aufwendigen Trassierung konnte die Rheinische Eisenbahngesellschaft allerdings nicht mehr ernten. Ein Jahr nach Fertigstellung der Strecke wurde das Unternehmen verstaatlicht. Die „Rheinische" gehörte nun zur Königlichen Eisenbahndirektion Elberfeld, in Wuppertal wurde die Strecke schnell unter dem Begriff „Nordbahn" bekannt.

▸ Station 1: Abzweig in Wuppertal-Wichlinghausen Eine Bahn für die „Bauernschaft"

Die Hattinger Kohlenbahn zwischen Wuppertal-Wichlinghausen und Hattingen

Eröffnet: 20. Mai 1884

Streckenlänge: rund 23 km

Stationen: Wuppertal-Wichlinghausen, Wuppertal-Nächstebreck (Haltepunkt), Schee, Bossel (Haltepunkt), Sprockhövel, Bredenscheid, Hattingen Stadtwald (Haltepunkt), Hattingen

Direkte Anschlüsse zu anderen bergischen Nebenstrecken: Stichbahn Schee–Silschede

Jetzige Nutzung: Rad- und Wanderweg

Reaktivierung: Reaktivierung theoretisch möglich, Trasse noch vorhanden

Die Schnittstelle zur Hattinger Kohlenbahn bildete einst der Bahnhof Wuppertal-Wichlinghausen. Am 6. Mai 1973 begegnen sich hier Akku-Triebwagen ETA 515 und Vohwinkeler Dampflok 052 6251.

Klassische Nebenbahnromantik auf dem Viadukt bei Bredenscheid. „Elna 146" (rechts), früher auf der Butzbach-Licher Eisenbahn bei Gießen eingesetzt, trifft am 18. Juni 1976 die alte „Walsum 5".

Noch bevor die Rheinische Eisenbahngesellschaft verstaatlicht wurde, hatte sie bereits den Bau einer Strecke von Wuppertal-Wichlinghausen nach Hattingen geplant. Bei dieser Verbindung ging es weniger um die Personenbeförderung, sondern um den Kohlentransport zwischen Rhein und Ruhr über das Bergische Land. Als Hauptbetriebsstelle war der Bahnhof in Sprockhövel vorgesehen. Die damalige „Bauernschaft" Sprockhövel erlebte einen wirtschaftlichen Aufschwung durch die florierenden Steinkohlezechen und Sandsteinbrüche. Was jetzt fehlte, war eine Eisenbahnverbindung, um endlich die langsamen Pferdefuhrwerke abzulösen.

So sah es auch die Preußische Staatseisenbahn, in deren Besitz die Rheinische Eisenbahngesellschaft aufgegangen war. Die Staatseisenbahn setzte alles daran, das Eisenbahnnetz in Deutschland zu verdichten und die bislang voneinander isolierten Strecken der einzelnen Eisenbahngesellschaften sinnvoll zusammenzufügen. Zudem versprach eine Eisenbahnlinie überall einen Wirtschaftsboom. Der Staat Preußen war deshalb gerne bereit, in die topografisch eher schwierig zu bauende Strecke nach Hattingen zu investieren. Immerhin mussten die Bahnerbauer einen Höhenunterschied von rund 185 Metern überwinden. Nach dem Bau mehrerer kleiner Viadukte und zweier Tunnel sowie zahlreicher Firmenanschlüsse zu Zechen und kleineren Industrienbetrieben war die Strecke am 20. Mai 1884 offiziell fertiggestellt. Sechs Jahre später eröffnete die Eisenbahndirektion Elberfeld zudem die Verbindung zwischen Oberbarmen und Wichlinghausen, die einen direkten Anschluss zur Bergisch-Märkischen Linie ermöglichte.

Der schnell wachsende Güterverkehr führte dazu, dass die Strecke im Jahre 1902 sogar als Hauptbahn zweigleisig ausgebaut wurde. Ab dem Jahre 1909 zweigte am Haltepunkt Bossel zudem die Kleinbahn nach Blankenstein ab. Diese neun Kilometer lange Privatbahn diente ebenfalls hauptsächlich dem Kohlentransport. Schnell wurde die Hattinger Strecke wegen ihrer Verbindung zu zahlreichen Zechen im Volksmund als Kohlenbahn bekannt. Der Personenverkehr spielte dagegen eine untergeordnete Rolle. Schon in der Dampfzeit wurden auf der Hattinger Strecke für den Reiseverkehr die Akku-Triebwagen vom Typ ETA 150 eingesetzt. Personenzüge aus Hattingen fuhren zumeist in Wichlinghausen nicht auf die Rheinische Strecke nach Vohwinkel, sondern bogen ab Oberbarmen talwärts auf die alte Bergisch-Märkische Linie.

▸ Station 2: Abzweig von Schee
Die Eisenbahn gegen das Elend
Die Stichbahn von Schee nach Silschede

Eröffnet: 1. November 1889
Streckenlänge: rund 9 km
Stationen: Schee, Haßlinghausen, Hiddinghausen, Silschede
Direkte Anschlüsse zu anderen bergischen Nebenstrecken: Hattinger Kohlenbahn
Jetzige Nutzung: Gewerbe, Rad- und Wanderweg
Reaktivierung: Reaktivierung theoretisch möglich, Trasse noch vorhanden

Von Hiddinghausen nach Haßlinghausen fährt im Mai 1969 die Dampflok mit Kabinentender 050 0256 auf der Strecke Schee–Silschede.

„Songs und Chansons" am Bahnhof Schee: Das ZDF drehte im Oktober 1976 mit Komparsen des Eisenbahnmuseums Bochum-Dahlhausen für seine „Sonntagskonzert"-Reihe die 50-minütige Show „Mit Dampf und Musik".

Das Jahr 1875 war für die Haßlinghausener Gemeinde ein rabenschwarzes. In diesem Jahr legte der Montankonzern Dortmunder Union die Haßlinghausener Hütte endgültig still. Rund 180 Hüttenarbeiter verloren dadurch ihre Arbeit, Not und Elend in der Bevölkerung breiteten sich aus. Schuld daran war nach Meinung der Gemeindevertreter auch der fehlende Eisenbahnanschluss, der den dortigen Zechen erhebliche Wettbewerbsnachteile brachte. Schon früh hatten sich deshalb oberbergische und märkische Unternehmer zusammengesetzt, um 1865 die Siegburg-Wittener Eisenbahngesellschaft zu gründen. Die Eisenbahn sollte auch durch Sprockhöveler Gebiet verlaufen und damit endlich die langsamen Pferdefuhrwerke ablösen. Noch ein Jahr vor der Fertigstellung der Bahnstrecke von Wichlinghausen nach Hattingen flehten die Gemeindevertreter das Innenministerium förmlich an, doch danach auch endlich eine Eisenbahn nach Haßlinghausen zu bauen. Eile war geboten, denn die Haßlinghausener Steinkohlewerke dümpelten mehr, als dass sie dampften. Immer mehr Arbeiter wanderten ab. Der Staat hatte schließlich ein Einsehen und genehmigte im März 1885 den Bau einer Strecke, die auf der Hattinger Kohlenbahn vom Bahnhof Schee abzweigend bis zur Zeche Trappe nach Silschede führen sollte. In Silschede existierte bereits seit 1829 die schmalspurige Silscheder Kohlenbahn der Industriellenfamilie Harkort, die zu den ersten Eisenbahnen Deutschlands zählte und anfangs von Pferden gezogen wurde.

Die mittlerweile völlig verarmte Gemeinde Haßlinghausen musste sich finanziell mächtig gegen die Decke strecken, um sich den Grunderwerb der zu bebauenden Gebiete von über 200.000 Mark überhaupt leisten zu können Die ansässigen Zechen beteiligten sich mit 100.000 Mark am Bahnbau. Dazu zählten Gruben mit so illustren Namen wie Kaninchen, Nachtigall und Neuglück. Zwei Jahre nach der Genehmigung wurde im Frühjahr 1887 endlich mit dem Bau begonnen. Die einheimischen Arbeiter schufteten über zweieinhalb Jahre, um Schotter und Gleise zu verlegen. Dann war es soweit: Am 1. November 1889 wurde die Strecke feierlich eröffnet, was besonders die Bergwerkbesitzer mit einem Festmahl würdigten. Zu Recht, denn durch den Anschluss an die Eisenbahn ging es mit der Region spürbar aufwärts. Der Personenverkehr spielte hingegen vergleichsweise eine Nebenrolle, obwohl anfangs immerhin sieben Personenzugpaare verkehrten. Besonders der Bahnhof Schee entwickelte sich zu einem Verkehrsknotenpunkt und Umsteigebahnhof mit 13 Gleisen, drei Stellwerken und täglich 2.000 Reisenden.

▸ Station 3: Abzweig von Wuppertal-Loh
Schienen, die in den Schlachthof führen
Die Kleinbahn von Loh nach Hatzfeld

Eröffnet: 29. Januar 1894
Streckenlänge: 4,5 km
Stationen: Wuppertal-Loh, Schlachthof, Wuppertal-Hatzfeld
Direkte Anschlüsse zu anderen bergischen Nebenstrecken: Wuppertaler Nordbahn
Jetzige Nutzung: Gewerbe, Kleingärten, Straße
Reaktivierung: ausgeschlossen

Die „Dicke“ und der DKW: Die „Dicke Berta“ fährt im Jahre 1975 auf der Winchenbachstraße zum Verladebahnhof, der einst den Schlachthof Barmen beherbergte.

Schiene trifft Straße auf der Kleinbahn von Loh nach Hatzfeld: Personenverkehr fand schon nicht mehr statt, als der Schienenbus VT 95 795 in den 1970er-Jahren während einer Sonderfahrt bald den Wasserturm in Hatzfeld erreicht.

Angeblich war er der schönste Schlachthof Deutschlands – so jubelte zumindest nach der Überlieferung Barmens damaliger Oberbürgermeister Friedrich Wilhelm Wegner, als er am 29. Januar 1894 den Barmer Schlachthof eröffnete. Um den Betrieb mit dem Eisenbahnnetz zu verknüpfen, bot sich an der Rheinischen Strecke in Barmen der bereits bestehende Bahnhof Loh an.

Erneut musste für ein Gütergleis ein aufwendiger Viadukt errichtet werden, damit die Eisenbahn vom Bahnhof Loh aus über die Schönebecker Straße den Schlachthof erreichen konnte. Die Stadt Barmen verlängerte den Kleinbahnanschluss dann im Jahre 1911 bis nach Hatzfeld, weil sich dort immer mehr Industrie angesiedelt hatte. Bereits ein Jahr zuvor war die Linie elektrifiziert worden. So wurde es jetzt möglich, dass die Barmer Straßenbahnbetriebe für den Personenverkehr ihre „Elektrischen" einsetzen konnten. Noch einmal verlängert wurde die Strecke im Dezember 1920 zum Hatzfelder Wasserturm. Gleichzeitig erhielt die Dampfkesselfabrik Siller & Jamart einen Gleisanschluss und der Schlachthof-Bahnhof wurde fünfgleisig ausgebaut. Durch die Elektrifizierung konnten nun auch zwei E-Loks beschafft werden, die den Güterverkehr abwickelten. Allerdings mussten sich Eisen- und Straßenbahn die Trasse teilen, die mal auf einem eigenen Gleiskörper, mal am Straßenrand und mal mitten im Asphaltband verlief. Der Güterverkehr nahm bereits in den 1920er-Jahren durch die ansässigen

Firmen sprunghaft zu. Mit 89.000 Tonnen Gütertransportmenge entwickelte sich das Jahr 1925 zum Rekordhalter und im Jahre 1931 waren bereits 14 Firmen an die Kleinbahn angeschlossen. Über mehrere Jahrzehnte war die Kleinbahn deshalb aus dem Ortsbild nicht wegzudenken.

Stillgelegt Teil 1: Kinderspielplatz statt Kohlentransport
Das Ende der Hattinger Kohlenbahn

Stillgelegt: 30. Mai 1992

Jahrzehntelang hatte die Kohlenbahn gute Dienste geleistet, jetzt ging ihr allmählich der „Stoff" aus. Im Ruhrgebiet setzte ab Mitte der 1950er-Jahre ein Zechensterben ein, wovon auch die Kohlenbahn betroffen war. Das Transportaufkommen für das „schwarze Gold" verringerte sich. Bereits im Jahre 1951 trennte sich die Bundesbahn von dem zweiten Gleis, das wie so üblich kurz danach abgebaut wurde. Den Personenverkehr bewältigten ab Mitte der 1960er-Jahre die Akku-Triebwagen der Baureihen ETA 150/515. Dann sollten sich mal wieder die Schienenbusse als „Retter der Nebenbahnen" bewähren. Doch viel zu retten gab es nicht mehr. Wegen der mangelnden Nachfrage verkehrten die „roten Brummer" zumeist nur in der einteiligen Version. Die

Das Signal steht auf Stopp: Wo einst die Züge rechts in Richtung Hattingen schnauften, entstand ein Radweg.

Liebevoll gepflegt wird der ehemalige Haltepunkt in Wuppertal-Nächstebreck. Auch hier soll ein Radweg entstehen.

Bundesbahndirektion Essen sah sich das Spiel noch ein paar Jahre an, dann legte sie am 30. November 1979 den Personenverkehr still. Zwei Jahre später war die einstige Hauptbahn in eine Nebenbahn umgewandelt. Der Kohlenbahn sollten nicht mehr viele Jahre bleiben. Am 29. September 1984 folgte die Einstellung des Güterverkehrs zwischen Schee und Hattingen und am 30. Mai 1992 das offizielle Ende des Bahnbetriebs zwischen Wichlinghausen und Schee.

Die erhoffte Reaktivierung durch die Einbindung in das S-Bahn-Netz zwischen Bochum und Hattingen scheiterte an der nicht vorhandenen Elektrifizierung. Nachdem noch einige Museumsbahnen und sporadische Güterzüge über die Strecke zuckelten, folgte bis zum Jahre 1992 der weitgehende Gleisabbau. Die Kleinbahn von Bossel nach Blankenstein war da schon längst Geschichte und musste bereits im Jahre 1968 der Autobahnanschlussstelle Sprockhövel weichen.

Das spurlose Verschwinden durch Gewerbebau blieb der Kohlenbahn allerdings erspart. Vielmehr entstand auf einem Teil bereits ab dem Jahre 1989 der erste Radweg auf einer umgewidmeten Bahntrasse. Der Abschnitt von Schee bis nach Hattingen wurde im Oktober 2011 fertiggestellt und soll noch bis nach Wichlinghausen zur Nordbahntrasse verlängert werden. Nicht alle Bahnhöfe haben das Streckenende überlebt. Wo einst das Bahnhofsgebäude von Bredenstein stand, ist jetzt ein Kinderspielplatz.

Stillgelegt Teil 2: Nach Peter Kraus kam das Aus
Das Ende der Stichbahn von Schee–Silschede

Stillgelegt: 30. Mai 1992

Auch auf der Strecke Schee nach Silschede setzte mit dem schwächelnden Bergbau bereits Mitte der 1920er-Jahre der Niedergang ein. Schon ab 1930 wurde auf der Strecke der vereinfachte Nebenbahnbetrieb eingeführt. Zumeist lieferten die Züge jetzt Güter an, statt sie abzutransportieren. Und der Personenverkehr entwickelte sich nach dem Ende des Zweiten Weltkrieges förmlich zur Farce.

Die Bahndirektion Wuppertal setzte jetzt täglich vier Personenzugpaare ein, wovon die Hälfte allerdings mit Güterwagen gemischt war. Wer mit den gemischten Zügen unterwegs war, musste eine bis zu zwanzig Minuten längere Fahrzeit einplanen. Zudem vermerkte die Bundesbahn auf dem Fahrplan von 1950, dass die Züge ohne Ankündigung ruhig 30 Minuten früher abfahren könnten. Mit diesen Methoden waren natürlich die Fahrgäste nicht zu halten, geschweige denn neue zu gewinnen.

Das demonstrative Desinteresse der Bahn zeigte sich, als die Behörde den Personenverkehr bereits am 7. Oktober 1951 stilllegte. Was vom Güterverkehr übrigblieb, war nicht der Rede wert. Deshalb beendete die Bahn im Jahre 1963 auf dem Abschnitt

Schmuckstück: Der restaurierte Bahnhof Schee steht als einstige Schnittstelle zwischen Hattingen und Silschede mittlerweile unter Denkmalschutz.

Schienenlos: Abseits des Radweges ist hinter Schee noch die alte Trasse nach Silschede gut zu erkennen.

zwischen Hiddinghausen und Silschede auch diese Ära. Während die Strecke Schee–Silschede in den letzten Zügen lag, glänzte der Bahnhof Schee in den 1970er-Jahren unter dem Scheinwerferlicht. Weil das Empfangsgebäude äußerlich einem klassischen Bahnhof entsprach, war dort gleich zweimal das Fernsehen zu Gast. Zunächst drehte das ZDF im Oktober 1976 für seine „Sonntagskonzert"-Reihe die 50-minütige Show „Mit Dampf und Musik". Diese (laut Programmankündigung) „Songs und Chansons von der Eisenbahn" mit Stars wie Lisa Fitz, Walter Giller und Peter Kraus strahlte das ZDF dann erstmals am 1. Mai 1977 aus. Danach war der Bahnhof Schee am 13. Januar 1977 auch noch Kulisse für den Fernsehfilm „Magere Zeiten". Doch auch der Fernsehruhm konnte die Strecke nicht mehr retten. Nach dem Exitus für den Güterverkehr wurde nur die Firma Käse-Kraft in Hiddinghausen bedient, die den Standort am 1. Oktober 1989 aufgab. Einen Monat vor dem 100. Geburtstag hatte die Strecke ihr Leben ausgehaucht. Die offizielle Einstellung des Güterverkehrs folgte zeitgleich zum Aus für die Kohlenbahn am 30. Mai 1993, ein Jahr später waren die Gleise bereits abgebaut. Seit September 2008 kann die ehemalige Eisenbahnstrecke zumindest zwischen Schee und Silschede mit dem Rad erkundet werden, ist aber für Eisenbahnnostalgiker im Vergleich zu anderen Radwegen auf Bahntrassen relativ reizarm.

Den Bahnhöfen erging es zumeist nicht besser als der Strecke. Der ehemalige Bahnhof Haßlinghausen fiel dem Abriss zum Opfer, der Bahnhof Hiddinghausen ist als Wohnhaus kaum noch zu erkennen und der Bahnhof Silschede mutierte zum Baumarkt. Besser erging es dem Bahnhof Schee, den im Jahre 1983 ein Privatmann aufkaufte, um ihn vorbildlich zu sanieren. Seitdem steht die einstige Schnittstelle zwischen Hattingen und Silschede unter Denkmalschutz. Zwischen den ehemaligen Haltepunkten Haßlinghausen und Hiddinghausen dampft die Eisenbahn nur noch im Miniaturformat, und zwar auf der Gartenbahnanlage des Dampfbahnclubs Sprockhövel.

Stillgelegt Teil 3: Als „Berta" nach Österreich reiste
Das Ende der Kleinbahn von Loh nach Hatzfeld

Stillgelegt: 1. Februar 1980

Auch der angeblich „schönste Schlachthof Deutschlands" wurde schließlich geschlossen. Die Reichsregierung beschloss 1934, dass in der inzwischen geeinten Stadt Wuppertal nicht zwei Schlachttiermärkte miteinander konkurrieren sollten. Geschlachtet wurde jetzt vorwiegend in Elberfeld, während sich in Barmen am 1. Januar 1942 die Tore für immer schlossen. Nach dem Ende des Zweiten Weltkrieges zogen 1949 dort die Wuppertaler Stadtwerke ein. Während der Viehtransport damit für die

Ein großer Viadukt für eine kleine Bahn: Links fuhr die Kleinbahn vom Bahnhof Wuppertal-Loh über die Schönebecker Straße in Richtung Hatzfeld. Der Viadukt war noch im Dezember 2012 gut erhalten, der Zutritt aber gesperrt.

Ein Gleisrest der Kleinbahn in Höhe „Mallack". Von links kreuzt ein Pfad aus einer Kleingartensiedlung, geradeaus geht es durch Wald und Wiesen in Richtung Hatzfeld.

„Schlachthofbahn" endete, entwickelte sich ab dem Jahre 1931 vom Bahnhof Schlachthof aus ein intensiver Kohletransport zum Kraftwerk Barmen, für den im Jahre 1931 eigens eine neue E-Lok vom Typ 610 sowie mehrere Selbstentladewaggons angeschafft wurden. Diese Phase endete im Jahre 1963 mit dem Umbau des Barmer Ortszentrums, bei dem die Güterstrecke aus dem Stadtzentrum verlagert wurde. Damit endete auch der Personenverkehr durch die Straßenbahn. Gleichzeitig landete die Lok 610 wegen des verminderten Frachtaufkommens im April 1963 einfach auf dem Schrott. Anschließend bediente die Industriebahn nur noch diverse Werkanschlüsse in Richtung Hatzfeld, bis diese Transporte zunehmend von Lkw übernommen wurden. Die E-Lok zog am Ende manchmal nur noch einen Kesselwagen hinter sich her. Das Schicksal der Strecke war dann mit der offiziellen Stilllegung am 1. Februar 1980 besiegelt. Die beiden verbliebenen E-Loks, darunter die „Dicke Berta" vom Typ 609, wurden über die Rheinische Strecke nach Österreich verschickt, wo sie anschließend von der Bahngesellschaft Stern & Hafferl eingesetzt wurden. Die meisten Gleise sind entfernt, der Trassenverlauf ist aber an vielen Stellen noch zu erkennen. Entlang der Winchenbachstraße sind immer noch im Asphalt die Gleisreste zu sehen. Zudem ist der mächtige Viadukt, der die Schönebecker Straße überspannt, erhalten. Der Bahnhof Loh stand lange Zeit leer und beherbergt seit dem Jahre 2008 ein Sozialzentrum mit Stadtteiltreff und Café.

Stillgelegt Teil 4: Jazzmusik aus Ottenbruch
Das Ende der Wuppertaler Nordbahn

Stillgelegt: 17. Dezember 1999

Während die Nebenbahnen an der Rheinischen Strecke nacheinander stillgelegt wurden, fristete auch die Hauptbahn eher ein Schattendasein. Zwar siedelten sich an der Trasse viele Firmen an, die für einen regen Güterverkehr sorgten, den Personenverkehr wickelten jedoch zumeist Nahverkehrszüge ab. Die Wuppertaler Nordbahn lag im Gegensatz zur Bergisch-Märkischen einfach zu sehr abseits der Ballungszentren.

Trotz dieses Handicaps versuchte die Bundesbahn nach dem Zweiten Weltkrieg, der Strecke noch einmal neuen Schub zu verleihen. In den Jahren von 1953 bis 1954 entstanden an der Linie mit Lüntenbeck, Rott, Dorp und Osterbaum vier neue Haltepunkte. Die Bevölkerung feierte den Premierenschienenbus bei der offiziellen Eröffnung des Haltepunktes Rott am 31. Oktober 1953 sogar mit Transparenten, auf denen „Der Rott dankt der Bundesbahn“ geschrieben stand.

Der Fahrplan wurde jetzt vertaktet, es fuhren die beliebten Schienenbusse sowie später die Akku-Triebwagen ETA 150. Der Versuch, die Strecke zu einer Art nördliche S-Bahn aufzubauen, scheiterte jedoch. Die Triebwagen nutzten hauptsächlich Schüler

Der Bahnhof Wuppertal-Loh im Dezember 2012: Links befinden sich das Bahnhofsgebäude mit Sozialzentrum und der Radweg Nordbahntrasse, hinten rechts bog früher die Kleinbahn nach Hatzfeld ab, auf den Schienen fährt heute eine Draisine, …

… die sich bei Touristen großer Beliebtheit erfreut.

und Mitarbeiter des FAG Kugelfischer-Werkes, das Militär transportierte zudem während des Kalten Krieges Panzer durch das Wuppertal.

Als die Bergisch-Märkische Linie dann im Jahre 1964 elektrifiziert wurde, geriet die Wuppertaler Nordbahn noch mehr ins Hintertreffen. Die Bundesbahn überlegte zwar auch für die Rheinische Strecke eine Oberleitung zu bauen, schreckte aber vor den damit verbundenen Kosten zurück. Nur noch wenige Alibizüge hielten in den nächsten Jahren an den zunehmend verwahrlosten Bahnhöfen. Die Öffentlichkeit erfuhr im Jahre 1984 erstmals von Stilllegungsplänen. Zwei Jahre später existierte wochentags nur noch eine Zugverbindung zwischen Vohwinkel und Wichlinghausen. Der letzte Triebwagen zwischen Vohwinkel und Wichlinghausen verkehrte am 27. September 1991, was kaum jemand bemerkte. Der letzte Güterzug zwischen Vohwinkel und Heubruch wurde offiziell am 17. Dezember 1999 vermerkt.

Die Deutsche Bahn AG machte nach der Stilllegung kurzen Prozess und demontierte im Wuppertaler Norden fast alle Signale und Stellwerke. Von der Öffentlichkeit unbeachtet, wurde die Nordbahn schnell vergessen. Danach bot die Rheinische Strecke ein geteiltes Bild. Während zwischen Wichlinghausen und Dornap-Hahnenfurt sowie zwischen Wichlinghausen und Schwelm-Loh alle Gleise entfernt wurden, konnte die Regiobahn GmbH den Abschnitt von Düsseldorf-Gerresheim nach Mettmann ab September 1999 erfolgreich für den S-Bahn-Verkehr reaktivieren. Güterzüge fahren noch weiter bis Dornap-Hahnfurt durch, um die dortigen Kalkwerke zu bedienen. Geplant ist, diese S-Bahn-Linie bis nach Wuppertal-Vohwinkel zu führen. Hinter Schwelm-West fahren die Züge ab Gevelberg-West auf der „Rheinischen" jetzt als S-Bahn bis zum Hagener Hauptbahnhof. Die Verbindung nach Dortmund-Süd wurde allerdings bereits im Jahre 1957 stillgelegt und durch eine andere Trassierung ersetzt.

Die Nordbahn mitsamt ihren imposanten Viadukten und Bahnhöfen drohte nach der Stilllegung zu verrotten. Dann gründeten engagierte Bürger im Februar 2006 den Verein „Wuppertalbewegung", um aus der stillgelegten Trasse einen Geh-, Rad- und Freizeitweg zu machen. Zudem sollten die Viadukte vor dem Verfall bewahrt werden. Ein Plan, der bei der Stadt Wuppertal auf offene Ohren stieß, die der Bahn das Gelände dann am 1. Januar 2009 abkaufte. Die Eröffnung des ersten knapp zwei Kilometer langen Teilstückes zwischen den Stationen Loh und Rott fand am 5. Juni 2010 statt. Tausende Wuppertaler feierten dieses Ereignis am Bahnhof Loh mit Zirkusartistik sowie Trommelszenario, und der NRW-Verkehrsminister Lutz Lienenkämper sprach von einem „guten Tag für Wuppertal".[29] Eine Umsetzung des von EU, Land und Bund finanzierten, 25 Millionen Euro teuren Gesamtprojektes, das über die Hattinger Kohlenbahn bis zum Bahnhof Schee führen soll, ist bis zum Jahre 2013 vorgesehen. Geplant ist auch die Anbindung an die Korkenziehertrasse[30] in Solingen und an die Niederbergbahn[31] in Essen-Kettwig. Eine Arbeitsgruppe zum Thema Eisenbahngeschichte betreibt zudem am alten Bahnhof Wuppertal-Loh auf ehemaligen Privatanschlussgleisen eine 1,6 Kilometer lange Draisinenstrecke für den Tourismusverkehr.

Während die meisten Haltepunkte vor sich hin rotten, stehen die Bahnhofsgebäude Mirke, Varresbeck und Ottenbruch unter Denkmalschutz. Der Bahnhof Mirke diente 2003 als Filmkulisse für den Spielfilm „Bye Bye Blackbird", bei dem unter anderem der ehemalige James-Bond-Gegenspieler Michael Lonsdale („Moonraker") mitwirkte. Am Bahnhof Wuppertal-Ottenbruch nahm das Gerry Hemingway Quintett im März 1993 das Jazzalbum „Demon Chaser" auf. Der Bahnhof Vohwinkel ist heute ein wichtiger Knotenpunkt für den S-Bahn-Verkehr und wird zudem vom „Wupper-Express" und vom „Maas-Wupper-Express" angefahren.

FEIERABEND FÜR DIE „FILIALE“

DIE STICHBAHN VON REMSCHEID NACH HASTEN

Eröffnet: 1. September 1883
Stillgelegt: 31. Dezember 1990
Streckenlänge: rund 4 km
Stationen: Remscheid Hbf, Stachelhausen (Haltepunkt), Vieringhausen, Hasten
Jetzige Nutzung: Rad- und Fußweg
Reaktivierung: ausgeschlossen

Über ein umfangreiches Gleisarsenal verfügte der Endbahnhof Remscheid-Hasten noch im Jahre 1968.

Der Personenverkehr zwischen Remscheid und Hasten war schon längst passé, als ein Sonderzug mit Diesellok 212 280 am 8. Februar 1986 den Bahnhof Vieringhausen passierte.

Ein Bahnhof ohne Bahnsteige: Als Diesellok V 160 003 am 18. Juni 1987 zu einer Sonderfahrt aufbrach, war vom Bahnhof Hasten schon nicht mehr viel übrig.

Discounter statt Dieselloks: Längst musste der Bahnhof Hasten mehreren Verbrauchermärkten weichen. Wer im Dezember 2012 auf der „Trasse des Werkzeugs" den einstigen Endbahnhof erreichte, dem bot sich dieses Bild.

Die Stadt Remscheid war mit sieben Bahnhöfen lange Zeit eines der großen Eisenbahnzentren im Bergischen Land. Zu diesen Stationen zählten einst auch die Bahnhöfe der Hastener Linie. Nur vier Kilometer kurz und in Konkurrenz zur Straßenbahn, war dem Personenverkehr hier lediglich ein kurzes Leben vergönnt. Der Güterverkehr hielt sich danach immerhin noch rund 70 Jahre. Heute erinnert die Nebenbahn als „Trasse des Werkzeugs" an die Industriegeschichte Remscheids.

Waggons für die Werkzeugstadt

Remscheids Eisenbahngeschichte begann im Jahre 1868, als die Linie von Rittershausen, dem heutigen Oberbarmen, in Richtung Lennep in Betrieb ging. Zugleich entstand in Remscheid der erste Bahnhof.

Die immerhin zwei Millionen Taler teure Eisenbahn sorgte auch in Remscheid für einen wirtschaftlichen Aufschwung. Remscheids Metall- und Werkzeugindustrie besaß schon im 19. Jahrhundert vielfältige Handelsbeziehungen nach Übersee und nannte sich seit den 1880er-Jahren die „Seestadt auf dem Berge". Bereits um 1800 produzierten die Schmieden in Remscheid über 4.000 verschiedene Artikel.

Neue Betriebe siedelten sich rund um die Eisenbahnlinie an und die Remscheider Werkzeugindustrie blühte förmlich auf. Die bald darauf gebauten Verbindungen von Lennep, das später nach Remscheid eingemeindet wurde, zum Rheinland über den Balkanexpress[32] sowie über die Wuppertalbahn[33] und Wippertalbahn[34] ins Märkische und Oberbergische Land waren Zeichen der damals noch herrschenden Eisenbahneuphorie.

Aber schon im Jahre 1870 hatten sich Remscheider Stadtverordnete an die Bergisch-Märkische Eisenbahngesellschaft gewandt, doch bitte vom Remscheider Bahnhof aus eine Stichbahn nach Feld zu bauen. Die ehemalige Hofschaft Feld gehörte zum Remscheider Ortsteil Hasten, und Remscheids bisherige Eisenbahnlinie sollte damit mehr in die Ortsmitte und in die Höhe rücken – zum Wohle der Wirtschaft.

Doch die Bergisch-Märkische Eisenbahngesellschaft war zunächst nicht an der kleinen Sekundärbahn interessiert und konzentrierte sich erst mal auf den Bau der Wippertalbahn nach Wipperfürth und der Balkanlinie von Lennep nach Opladen.

Es dauerte bis zum Jahre 1882, ehe das Ministerium für öffentliche Arbeiten den Bau der gewünschten Stichbahn bewilligte. Der Name Feld war allerdings schnell vom Tisch und die Beteiligten einigten sich bei dem neu zu errichtenden Endbahnhof auf den Namen Remscheid-Hasten. Nach einigen Diskussionen über Bahnhofsnamen und mühsamen Verhandlungen über den Grunderwerb wurde dann am 15. Juni 1882 mit dem Bau begonnen. Die Bauarbeiten gingen so zügig voran, dass die neue Stichstrecke bereits am 1. September 1883 eröffnet wurde.

Kein schöner Gleis

Wie auch anderswo im Bergischen Land bejubelten die Menschen eine neue Eisenbahnverbindung auch in Hasten. Die „Remscheider Zeitung“ schrieb nach der Eröffnung sogar davon, dass in Deutschland keine Strecke „schönere Landschaftsbilder wie diese kurze Strecke bietet“.

Ab sofort fuhren die Menschen auf der Linie von Remscheid aus zur „Filiale“ – so heißt Hasten bis heute im Volksmund, weil hier im Jahre 1853 die erste evangelische Kirche außerhalb des heutigen Kernstadtgebietes gegründet wurde.

Neben dem Personenverkehr dachte die Staatsbahn an den wirtschaftlich wichtigen Gütertransport. Anschlussgleise erhielten in den kommenden Jahren entlang der Linie unter anderem die Städtische Gasanstalt, die Bergische Stahl-Industrie und die Kornbrennerei der Gebrüder Frantzen. Der 13.000 Quadratmeter große Central-Schlachthof wurde im Jahre 1890 angebunden. Die lebenden Tiere wurden über ein Anschlussgleis mit Drehscheibe geliefert und die Fleischabfälle ebenfalls per Bahn abtransportiert.

Auch der bisherige Endbahnhof Remscheid profitierte von der neuen Stichbahn nach Hasten. Jetzt war Remscheid zu einer Durchgangsstation geworden, die in den folgenden Jahren laufend erweitert wurde. Im Juli 1897 eröffnete die Linie nach Solingen über die berühmte Müngstener Brücke. Der Remscheider Bahnhof erhielt im August des Jahres 1911 ein neues imposantes Empfangsgebäude samt Bahnhofshalle.

Für den Abzweig nach Hasten setzte die Preußische Staatseisenbahn im Personenverkehr täglich sieben Zugpaare ein, die für die rund vier Kilometer Fahrt über neun Bahnübergänge rund 20 Minuten benötigten. Entsprechend mager waren die Fahrgastzahlen, auch wenn Arbeiter und Geschäftsleute das Haster Bähnchen gerne nutzten.

Doch eine solche urbane Nebenbahn besaß kaum Entwicklungsmöglichkeiten. Eine angedachte Verlängerung der Haster Linie nach Müngsten wurde wegen der schwierigen topografischen Lage schnell verworfen.

Schon zehn Jahre nach Streckeneröffnung erschien mit der Remscheider Straßenbahn ein ernsthafter Konkurrent auf der Bildfläche. Die Straßenbahnlinie, die von Remscheid-Markt nach Vieringhausen und Hasten fuhr, nahm der „großen Eisenbahn“ ab dem Jahre 1893 viele Fahrgäste ab.

Das Bier kommt per Bahn

Obwohl die Eisenbahndirektion Elberfeld auf die Konkurrenz mit mehr Zugpaaren reagierte, blieben die Fahrgastzahlen auf der Hastener Linie eher schwach. Besser sah es beim Güterverkehr aus: Ob Steinkohle, Getreide oder lebende Tiere – alles wurde in großen Mengen auf der Hastener Strecke transportiert. Hinzu kamen Eisen, Stahl und Schrott von der Remscheider Eisen- und Stahlindustrie. Für den goldgelben Gerstensaft sorgte die Remscheider Brauhaus-Gesellschaft, die vom Hastener Bahnhof aus regelmäßig Bierkesselwagen auf die Reise nach Remscheid schickte. Vom Bahnhof Hasten führten zudem eine Schmalspurbahn und eine Lorenbahn zu einem Glockenstahlwerk. Ungewöhnlich war das Anschlussgleis zur Remscheider Straßenbahn: Die Eisenbahn lieferte die Kohlen für die Kraftstation an, die Strom für den Straßenbahnbetrieb erzeugte.

Nur der Personenverkehr verlor in Hasten immer mehr den Anschluss. Mit dem Ausbruch des Ersten Weltkrieges kündigte sich das baldige Aus an. Die Zahl der Zugpaare verringerte sich wieder, weil die Eisenbahn in den Kriegsjahren von 1914 bis 1918 fast ausschließlich für militärische Zwecke genutzt wurde. Ab Dezember 1918 ruhte der Personenverkehr sogar komplett – und wurde nicht wieder aufgenommen. Obwohl die Stadt Remscheid heftig protestierte, legte die Eisenbahndirektion Elberfeld den Personenverkehr auf der Strecke im Oktober 1922 offiziell still. Die Güterzüge fuhren weiter, wenn auch mit unterschiedlicher Auslastung. Die schwierigen Nachkriegsjahre und die Weltwirtschaftskrise Ende der 1920er-Jahre sorgten immer wieder für Einbrüche. Auch nach dem Zweiten Weltkrieg dümpelte die Strecke eher vor sich hin. Die Züge transportierten in den 1950er-Jahren hauptsächlich Schrott oder Stückgut. Und zwar so wenig, dass der Güterverkehr ab dem Jahre 1967 an den Wochenenden ganz eingestellt wurde.

Karneval und Kirmes

Klein, aber oho: Die Kirmes in Hasten findet schon seit Jahrzehnten traditionell immer nach Pfingsten statt. Schon im 19. Jahrhundert warteten Rummelplatzfans am Haltepunkt Stachelhausen auf die Dampfloks, die der Volksmund „Puste Kalinken“ taufte. Der Besucheransturm war ab Mitte der 1950er-Jahre mitunter so stark, dass die Bundesbahn noch bis in die 1970er-Jahre hinein Sonderzüge einsetzte. Der Hastener Verkehrsverein hoffte sogar, wieder regelmäßigen Personenverkehr mit Schienenbussen zu ermöglichen – vergeblich.

Es blieb bis in die 1980er-Jahre bei gelegentlichen Sonderfahrten beispielsweise unter dem Motto „Eine Filiale geht auf Reisen“ oder am 8. Februar 1968 bei einem

Karnevalssonderzug, der von Hasten über Lennep und Marienheide ins närrische Köln fuhr. Die Fahrgäste mussten allerdings am Bahnhof Hasten zum Ein- und Ausstieg auf kleine Treppchen steigen, denn Bahnsteige gab es dort schon nicht mehr.

Die Bahndirektion Wuppertal reduzierte Ende der 1960er-Jahre auch zunehmend den Güterverkehr. Im Jahre 1968 schlossen die Güterabfertigungen in Vieringhausen und Hasten. An diesen Bahnhöfen begann gleichzeitig der Gleisrückbau. Der Güterverkehr wurde Anfang der 1980er-Jahre nur nach Bedarf durchgeführt, zumeist am Bahnhof Hasten durch eine Schrottgroßhandlung. Bilder aus dieser Zeit zeigen, wie die von Diesel- oder Kleinloks gezogenen Güterzüge durch eher trostlos wirkende Industrielandschaften fahren – von Eisenbahnromantik keine Spur. Der letzte Güterzug verkehrte am 20. Mai 1988. Offiziell stillgelegt wurde die Strecke am 31. Dezember 1990. Bis zum Jahre 1996 waren die Gleise dann restlos demontiert. Die Strecke oder das, was von ihr übrig geblieben war, dämmerte in den nächsten Jahren unbeachtet vor sich hin.

Am Bahnhof steht 'ne „Brutzelbude"

Wieder einmal sorgte das Strukturförderungsprogramm der „Regionale 2006" für ein Erwachen aus dem Dornröschenschlaf. Ein Kölner Architekturbüro entwickelte im Jahre 2003 unter dem Titel „Arbeitsspuren" für die stillgelegte Bahnstrecke eine „Trasse des Werkzeugs". Die Strecke spiegele die Entwicklung der Remscheider Industriegeschichte wieder, so das Architekturbüro.[35]

Die Stadt Remscheid erwarb die Trasse von der Deutschen Bahn AG im Jahr 2004, um sie in einen Rad- und Fußweg mit Erlebnisflächen umzuwandeln. Am 23. September 2006 eröffnete die Stadt mit einem riesigen Volksfest offiziell einen ersten Abschnitt[36]. Für einen Blickfang sorgten Remscheider Firmen, die einen Kesselwagen vom Museum Destille Frantzen erwarben und ihn auf das einstige Anschlussgleis setzten.[37] Im Jahre 2008 war auch die Rad- und Fußverbindung zwischen dem ehemaligen Bahnhof Hasten und dem Hauptbahnhof Remscheid fertiggestellt. Zu diesem Zeitpunkt hatte die „Trasse des Werkzeugs" bereits zwei Millionen Euro gekostet.[38]

Neben dem Kesselwagen erinnert auf der „Trasse des Werkzeugs" noch das Bahnhofsgebäude Vieringhausen samt gedeckten Güterwagen an den einst wichtigen Verkehrsknotenpunkt der westlichen Stadtteile. Auf dem Gelände des Bahnhofs Vieringhausen befindet sich unter anderem ein biwakähnlicher Imbiss namens „Winni's Brutzelbude". Auch vereinzelte Anschlussgleise und sogar noch eine Drehscheibe sind am Rande der Trasse zu erkennen. Die Bürger freuen sich über den neuen ebenerdigen Verbindungsweg, den der Initiativkreis Kremenholl regelmäßig pflegt. Allerdings ist die Trasse häufig von hohen Gittern umzäunt, die einem das Gefühl des „Eingesperrtseins" vermitteln. Auch der einst umfangreiche Endbahnhof Hasten bietet einen traurigen Anblick: Auf dem Gelände entstanden seit 2005 mehrere Verbrauchermärkte und die „Haster Spielfläche". Der einst mächtige Remscheider Hauptbahnhof ist schon längst wieder zu einem bloßen Haltepunkt geschrumpft.

VON DER ZUGVERBINDUNG ZUR „ZWISCHENLÖSUNG“

DIE NIEDERBERGBAHN VON OBERDÜSSEL NACH KETTWIG

Eröffnet: 1. Februar 1886 (Abschnitt zwischen Aprath und Wülfrath)
Stillgelegt: 12. März 1999
Streckenlänge: rund 27 Kilometer
Stationen: Oberdüssel, Wülfrath, Tönisheide, Velbert Süd, Velbert Hbf, Velbert West, Heiligenhaus, Heiligenhaus Sportfeld (Haltepunkt), Isenbügel (Haltepunkt), Kettwig
Jetzige Nutzung: Rad- und Wanderweg, Wohnbebauung und Gewerbe
Reaktivierung: theoretisch möglich und im Rahmen der „Circle-Line“ langfristig vorgesehen

Aufwendiges Bauwerk: Der Eulenbachviadukt, besser bekannt als „Saubrücke“, erforderte beim Bau viel Mensch und Material. Dampflok 93 984 schnauft am 21. Mai 1933 auf der Niederbergbahn in Richtung Kettwig.

Eisenbahn bei eisigen Temperaturen: 053 075 rangiert am 7. Februar 1976 im Velberter Hauptbahnhof auf der Niederbergbahn.

Nichts geht mehr: Der Bahnhof Heiligenhaus besitzt zwar noch einige Gleise, aber hier ist der Zug schon längst abgefahren.

Ein Kuriosum ist die erste Waggonbrücke Deutschlands auf dem Radweg der Niederbergbahn am Bahnhof Heiligenhaus.

Offiziell ist sie stillgelegt und nahezu aller Gleise beraubt. Und doch könnte die Niederbergbahn eines Tages wiedererweckt werden. Eisenbahnnostalgiker müssen bis dahin die Trasse per Rad oder zu Fuß erkunden. Die anliegenden Städte kämpften lange um diese Nebenbahn, die jedoch nur im Güterverkehr wirklich Bedeutung erlangte.

Der Prinz und die Pferdebahn

Schmalspurig war sie, eine der ersten Eisenbahnen Deutschlands und ihre Waggons wurden von einer Pferdestärke gezogen. Die Prinz-Wilhelm-Eisenbahn sorgte im Ruhrgebiet von Essen-Kupferdreh nach Velbert-Nierenhof dafür, dass die Kohle zu ihren Abnehmern gelangte. Preußens Prinz Wilhelm persönlich, ein Bruder von König Friedrich Wilhelm II., eröffnete diese damals noch übliche Pferdebahn im September 1831 feierlich. Der hohe Besuch war fortan Namensgeber der Pferdebahn. Die Bahn sollte zunächst nur Kohlen transportieren, beförderte bald aber auch Personen. Eine gute Einnahmequelle also, die nun vollspurig ausgebaut und in Vohwinkel an die bereits bestehende Düsseldorf–Elberfelder Linie angeschlossen werden sollte. Eine eigens zu diesem Zweck gegründete Aktiengesellschaft beantragte deshalb im Mai 1840 beim preußischen Ministerium den Bau einer Eisenbahn, die von Essen über die alte Pferdebahn bis nach Vohwinkel führen sollte.

Der Antrag wurde erst vier Jahre später bewilligt, als die Gesellschaft endlich die erforderliche Bausumme von 1,3 Millionen Talern aufbrachte. Die Gesellschaft hatte sich da bereits den Namen Prinz-Wilhelm-Eisenbahn gesichert und die alte Pferdeeisenbahn für 100.000 Taler aufgekauft. Die rund 30 Kilometer waren am 1. Dezember 1847 fertiggestellt. Die Betreiber verrechneten sich jedoch, der Kohlentransport und die Personenbeförderung brachten bei Weitem nicht die erhofften Erträge. Erst als die Strecke im Dezember 1862 von der Bergisch-Märkischen Eisenbahngesellschaft übernommen wurde, warf die „blaublütige" Bahn Gewinne ab.

Eine Seilbahn für die Saubrücke

Velbert und Wülfrath waren zwar dadurch jetzt an das Eisenbahnnetz angeschlossen, aber geografisch zu weit von den niederbergischen Industriezentren entfernt. Um Abhilfe zu schaffen, beantragten die Gemeinden Velbert und Wülfrath im April 1881 gemeinsam beim Staate Preußen den Bau einer eigenen Eisenbahnlinie. Ein erstes Teilstück von Aprath nach Wülfrath wurde im Februar 1886 fertiggestellt. Schwieriger gestaltete sich der Weiterbau nach Velbert, weil für die Strecke ein Höhenunterschied von rund 100 Metern überwunden werden musste. Ein strenger Winter verhinderte zudem, dass der Velberter Bahnhof rechtzeitig fertig werden konnte. So rollte bei der offiziellen Eröffnung in Velbert am 1. November 1888 zunächst nur der Güterverkehr, ehe die Züge dann ab Februar 1898 auch Personen beförderten.

Durch die Eisenbahn blühte die Velberter Industrie auf, wovon auch das benachbarte Dorf Heiligenhaus profitieren wollte. Die im Oktober 1899 eröffnete Schmalspurbahn von Velbert über Heiligenhaus nach Hösel war dafür nicht geeignet. Doch die beiden Gemeinden waren sich in herzlicher Abneigung zugetan. Während sich Velbert handelsmäßig nach Wuppertal orientierte, unterhielt Heiligenhaus wirtschaftliche Verbindungen zu Ratingen und Düsseldorf. Um die Nachbargemeinde wirtschaftlich ins Abseits zu drängen, begann Velbert auf der geplanten Trasse nach Heiligenhaus Gewerbegebiete zu errichten. Die Velberter Industrie übte jedoch Druck aus, die Eisenbahn weiter in Richtung Ruhrgebiet auszubauen. Die ersehnten Bauarbeiten begannen dann im Juli 1913, bildeten aber aufgrund der schwierigen Geländeverhältnisse eine architektonische Herausforderung. Die Eisenbahndirektion Elberfeld musste allein über das Rinderbachtal zwei große Viadukte errichten.

Neben der Eisenbahnbrücke nahe dem späteren Haltepunkt Isenbügel gehörte dazu auch der Eulenbachviadukt, besser bekannt als Saubrücke. Seinen Namen verdankt das Bauwerk dem nahe gelegenen ehemaligen Hof „In der Sau", wobei der Begriff „Sau" für Sumpf steht. Für den Bau dieser damals 40 Meter hohen Natursteinbrücke musste eigens eine Materialseilbahn errichtet werden. Zwar ruhte mit Ausbruch des Ersten Weltkrieges ab dem Jahre 1914 der Bahnbau, die Saubrücke konnte aber durch den Einsatz russischer Kriegsgefangener weitergebaut werden. Doch der „Saubau" stand unter keinem guten Stern: Bereits beim Errichten der Seilbahn verunglückten zwei Arbeiter tödlich. Dann stürzte im Februar 1916 auch noch ein Kleinlokzug die Böschung hinunter, wobei sich Zugführer und Begleiter rechtzeitig retten konnten. Auch später machte das Bauwerk immer wieder Schlagzeilen, weil sich Lebensmüde von der Brücke stürzten. Im Juni 1990 verunglückten zudem vier Ferienkinder aus Duisburg. Die Kinder hatten nahe der Saubrücke Schutz vor einem Wolkenbruch gesucht und wurden Opfer einer Flutwelle aus einem höher gelegenen Überlaufbecken.

Alles null und nichtig

Heiligenhaus drohte ebenfalls Opfer zu werden, und das wegen der neuen Eisenbahnverhältnisse. Im April 1920 hatte die Reichsbahn das deutsche Eisenbahnnetz übernommen. Dadurch waren alle zuvor geschlossenen Verträge mit dem Staat Preußen nichtig geworden. Die Reichsbahn zeigte sich an der schon halb fertiggestellten Nebenbahn nicht interessiert und wollte die Bauarbeiten beenden. Heiligenhaus fand sich damit aber nicht ab und finanzierte den Weiterbau mit eigenem Geld und Zuschüssen der damaligen Stadt Kettwig und des Kreises Mettmann. Der neue Haltepunkt in Isenbügel sollte die dortigen Dolomitvorkommen erschließen, diente aber dann nur dem Personenverkehr. Die Gemeinden schlossen mit der Reichsbahn im März 1925 einen neuen Vertrag ab, und die Strecke bis nach Kettwig wurde am 23. Juli 1926 eröffnet. Der zunächst bescheidene Güterzugverkehr boomte nach Ausbruch des Zweiten Weltkriegs, weil die Niederbergische Industrie zahlreiche Rüstungsgüter produzierte. Auch die Bevölkerung zwischen Wülfrath und Kettwig nahm die neue Eisenbahn zunächst gut an. Doch so sehr der Krieg auch für ein hohes Güteraufkommen sorgte, so beendete er zugleich den Zugverkehr. Der Betrieb der Niederbergbahn ruhte komplett, als die deutsche Wehrmacht im Jahre 1945 die Ruhrbrücke bei Kettwig sprengte, um dadurch den US-amerikanischen Truppen den Weg über die Ruhr zu versperren. Erst 1951 verkehrten die Züge wieder über Velbert nach Wuppertal.

Der Güterverkehr blieb auch nach dem Zweiten Weltkrieg die Hauptdomäne der Niederbergbahn, der Personenverkehr rollte hingegen immer mehr ins Abseits. Die Bahndirektion Wuppertal reduzierte ab 1953 die Zahl der Zugpaare für den Personenverkehr auf fünf pro Tag und installierte parallel einen Omnibusbetrieb. Der Personenverkehr wurde wie üblich schrittweise eingestellt. Die Wuppertaler Verwaltung stoppte zunächst im Mai 1960 die Personenzüge im Abschnitt zwischen Kettwig und Heiligenhaus, kurz danach auch zwischen Aprath und Heiligenhaus.

Übrig blieb ein Güterverkehr, der sich immerhin noch bis zum August 1996 hielt, dann waren die letzten Lieferverträge mit den verbliebenen Gewerbe- und Industriebetrieben ausgelaufen. Nach der offiziellen Stilllegung im Jahre 1999 durch das Eisenbahnbundesamt blieben die Gleise zunächst liegen, die Natur eroberte sich die Strecke aber rasch zurück.

Renaissance durch Rundverkehr?

Viele Menschen aus der Region wollten sich so schnell nicht mit dem Ende der Niederbergbahn abfinden. Bereits 1992 gründete sich die Initiative „Pro Bahn Niederbergbahn" mit dem Ziel, die Trasse durch Güterzüge und Museumsbahnen wiederzubeleben. Neue Hoffnung keimte im Jahre 2006 auf, als die Niederbergbahn in die geplante „Circle-Line" eingebunden wurde. Mit einem Bahnring rund um die Landeshauptsstadt Düsseldorf sollte das Umland wieder bahntechnisch erschlossen werden. Der Rundverkehr ist momentan geplant von Mettmann aus über Wülfrath, Velbert und Heiligenhaus nach Ratingen. Dann soll die Linie über den Düsseldorfer Flughafen die Städte Neuss und Kaarst ansteuern und schließlich noch Mönchengladbach und Viersen anbinden. „Wir müssten nur die stillgelegte Niederbergbahn reaktivieren und in Richtung Rhein verlängern", erklärte Anfang des Jahres 2006 der damalige Düsseldorfer Regierungspräsident Jürgen Bissow[39]. Die damalige CDU-Landesregierung legte jedoch einige Monate später alle Bahn-Neubaustrecken auf Eis. Die nötige Finanzierung von angeblich einer halben Milliarde Euro rückte deshalb in weite Ferne.[40]

Stattdessen entstand auf der stillgelegten Trasse mit Fördermitteln des Landes Nordrhein-Westfalen als eine Art „Zwischenlösung" der Panoramaweg Niederbergbahn, an dem sich die Städte Heiligenhaus, Velbert, Wülfrath und der Kreis Mettmann beteiligten. Die Strecke erwachte aus dem Tiefschlaf, als im Frühjahr 2009 die Gleise entfernt wurden. Parallel wurde die Strecke frei geschnitten, die maroden Viadukte erfuhren eine Sanierung. Mit einem bunten Programm feierten die beteiligten Strecken am 16. Juli 2011 den neu eröffneten PanoramaRadweg Niederbergbahn.[41]

Kaffeerösterei und Kulturverein

Wer Anfang 2013 an der Strecke von Kettwig nach Wülfrath die asphaltierte Trasse entlangging oder radelte, konnte am Streckenrand gelegentlich noch einige Bahnrelikte wie Kilometersteine oder Prellböcke entdecken. An den ehemaligen Bahnhöfen Heiligenhaus und Velbert liegen sogar noch einige Gleisfragmente. Das Bahnhofsgebäude Heiligenhaus hat die Bundesbahn bereits im Jahre 1990 an einen Türkisch-Islamischen Kulturverein verkauft. In dem angrenzenden Güterschuppen soll noch 2013 eine Kaffeerösterei einziehen.[42] Die ehemaligen Bahnhofsgebäude in Velbert beherbergen gegenwärtig Gaststätten. Eine Besonderheit bietet seit dem Sommer 2009 der Bahnhof Heiligenhaus. Dort befindet sich die erste Waggonbrücke Deutschlands, die aus einem vierachsigem Drehgestell-Flachwagen mit Rungen der Deutschen Bahn besteht. Die Waggonbrücke wurde im Sommer 2009 eingehoben und steht auf Eisenbahnschienen.[43] Und die Prinz-Wilhelm-Eisenbahn? Aus der einstigen Pferdebahn wurde die S-Bahn-Verbindung von Wuppertal nach Haltern am See.

NEUE WUNDER AN DER WUPPER

DIE WUPPERTALBAHN VON OBERBARMEN NACH OBERBRÜGGE

Eröffnet: 1. März 1886 (Abschnitt zwischen Lennep und Krebsöge)
Stillgelegt: 2. Juni 1998
Streckenlänge: rund 50 km

Stationen / Abschnitt von Remscheid-Lennep nach Wuppertal-Rauenthal:
Remscheid-Lennep, Wassermühle, Krebsöge, Wilhelmsthal, Dahlhausen, Dahlerau, Remlingrade, Wuppertal-Beyenburg, Wuppertal-Laaken, Wuppertal-Oehde, Wuppertal-Rauenthal

Abschnitt von Krebsöge nach Oberbrügge:
Krebsöge, Kräwinklerbrücke, Heide, Bergerhof, Radevormwald, Hahnenberg, Schwenke, Anschlag, Halver, Anschlag, Vollme-Ehringhausen, Oberbrügge

Von Anschlag nach Wipperfürth:
Anschlag, Kupferberg, Wasserfuhr, Wipperfürth

Direkte Anschlüsse zu anderen bergischen Nebenbahnstrecken:
Wippertalbahn, Volmetalbahn, Balkanexpress

Jetzige Nutzung: Radweg, Busbahnhof, Talsperre, Gewerbe und Draisinenbetrieb eines Museumsvereins, Teststrecke für Schienentaxi

Reaktivierung: Geplant ist eine Reaktivierung des Personenverkehrs zwischen Brügge und Halver.

Blitzsaubere Schienen, intakte Schwellen und sauberes Gleisbett: Wer mit dem Auto entlang der Wuppertalbahn zwischen Beyenburg und Rauenthal fährt, könnte glauben, gleich einem Zug zu begegnen. Doch auch diese Strecke ist längst stillgelegt. Mit dem Ende des Rest-Güterverkehrs zwischen Beyenburg und Laaken endete am Ausgang der 1990er-Jahre die Ära der rund 50 Kilometer langen Wuppertalbahn zwischen Oberbarmen und Oberbrügge. Eine Strecke, die kühne Visionen und eine schreckliche Katastrophe erlebte. Doch der Wuppertalbahn widerfuhr auch eine unerwartete Renaissance.

Postkartenidylle: 86 201 verlässt am 19. März 1935 mit Personenwagen den Bahnhof Dahlerau in Richtung Radevormwald. Später erlangte der Ort durch ein Eisenbahnunglück traurige Berühmtheit.

Winteridylle: 93 1099 verlässt am 19. März 1936 nach einem Schneesturm den Bahnhof Wuppertal-Beyenburg in Richtung Oberbarmen.

Busbahnhof statt Bahnbetrieb: Im Juli 2011 erinnern nur noch ein paar Form- und Flügelsignale an den einstigen Bahnhof Radevormwald.

Der Bahnhof Dahlhausen ist mittlerweile die Heimat des Fördervereins Wupperschiene, der hier einen Draisinenbetrieb etabliert hat.

Eine Bahn für Baumwolle

Die Region Wuppertal um Barmen und Elberfeld war bereits im 15. Jahrhundert bekannt für ihre Textilindustrie. Ansässige Firmen benötigten dafür Rohwolle, Baumwolle und Seide. Die damaligen Umschlagplätze lagen in Minden und Düsseldorf. Ein Pferdefuhrwerk benötigte sechs Tage, um Güter von Minden nach Elberfeld zu bringen. Zwar gab es bereits vereinzelte kleine Stichstrecken, doch selbst diese Bähnchen wurden von Pferden gezogen. Ein Ausbau der bereits vorhandenen, aber holprigen Straßen war wegen der schwierigen Geländeverhältnisse ebenfalls keine Lösung. Eine solche versprach im 19. Jahrhundert nur ein neues und schnelleres Verkehrsmittel: die Eisenbahn. Anfragen an das Königreich Preußen waren allerdings sinnlos, denn der Staat war nicht sonderlich am Bahnbau interessiert. Diese Aufgabe konnten allein die privaten Bahngesellschaften bewerkstelligen wie die Düsseldorf-Elberfelder Eisenbahngesellschaft. Schon zwei Jahre nach ihrer Gründung erhielt die Gesellschaft die Konzession, eine Eisenbahnlinie von Düsseldorf nach Elberfeld zu bauen. Treibende Kraft hinter dieser Bewilligung war der märkische Industrielle Friedrich Harkort, der auch als Abgeordneter des Westfälischen Landtags immer wieder Anträge für den Bau einer Eisenbahnlinie zwischen Rhein und Weser einbrachte. Bekannt wurde Harkort durch seine Kohlenbahn zwischen Hasper Hütte und Silschede, die ebenfalls von Pferden gezogen wurde. Die genehmigte Verbindung zwischen Elberfeld und Düsseldorf war mit der Eröffnung des Teilstücks zwischen Düsseldorf und Erkrath am 20. Dezember 1838 die erste westdeutsche Bahnlinie. Drei Jahre später war die Strecke auch in Elberfeld angekommen.

Das bisschen Bahn ist nicht genug

Die Düsseldorf–Elberfelder Eisenbahn erwies sich als Volltreffer. Schon im ersten Jahr fuhren 400.000 Personen mit der Eisenbahn. Im oberen und immer noch schienenlosen Wuppertal beobachteten Industrielle und Gemeinden den Aufschwung durch die Eisenbahn eher besorgt. Ihre Region drohte ohne Schienenweg komplett ins Hintertreffen zu geraten. Der Durchbruch zu einer Anbindung an die Eisenbahn war für diese Region nach vielen Diskussionen erst im Mai 1883 geschafft. Der Staat Preußen genehmigte endlich den Bau einer Eisenbahnlinie von Lennep über Krebsöge nach Dahlerau. Eine ähnliche Verbindung hatte zwar bereits zwei Jahre zuvor die Bergisch-Märkische Eisenbahngesellschaft geplant, doch die Verstaatlichung durch den Staat Preußen im Januar 1882 machte dieses Vorhaben zunächst zunichte. Das bisschen Bahn nach Dahlerau war aber nicht genug. Der Staat Preußen genehmigte kurz darauf, nachdem Industrie und Gemeinde immer wieder drängten, auch den Weiterbau von Dahlerau bis zur Anschlussstelle nach Oberbarmen. Dort hatte die Bergisch-Märkische Eisenbahngesellschaft für ihre Strecke von Elberfeld nach Dortmund bereits im Jahre 1847 einen Bahnhof errichtet. Damit nicht nur die Bevölkerung im Tal der Wupper, sondern auch die Menschen in Richtung Oberbergisches Land von der Bahn profitierten, sollte zudem von Krebsöge aus eine Weiche in Richtung Radevormwald abzweigen.

Mit der Wärmflasche nach Wuppertal

Die Teilstrecke zwischen Lennep und Krebsöge konnte am 1. März 1886 eröffnet werden, die bis Dahlerau im selben Jahr am 1. Dezember. Die Feier in Dahlerau war allerdings durch die klirrende Dezemberkälte ein frostiges Vergnügen. Damit die Fahrgäste nicht vollends erfroren, stellten die Veranstalter für die Fahrt im tannengeschmückten Eröffnungszug extra einige Wärmflaschen bereit. Der Anschluss bis Oberbarmen war am 2. September 1889 geschafft. Hier bog die Nebenbahn in die Hauptstrecke Elberfeld–Dortmund ein. Zwischen Krebsöge und Radevormwald rollte erst ab dem 1. November 1889 der Güterverkehr, am 1. Februar 1890 dann der Personentransport. Der kleine Ort Krebsöge sollte bis zum Jahre 1957 der Kreuzungsbahnhof sein, in dem die von Lennep kommende Wuppertalbahn entweder nördlich nach Oberbarmen oder östlich nach Radevormwald abbog. Der Abschnitt zwischen Krebsöge und Radevormwald war zunächst gut ausgelastet. Am neu geschaffenen Haltepunkt Wassermühle zwischen Lennep und Krebsöge stiegen beispielsweise morgens viele Pendler aus, die bei einer ansässigen Spinnerei beschäftigt waren. In Beyenburg siedelte sich ab dem Jahre 1889 eine Eisengarnproduktion an, die ihren Sitz bis zum Konkurs im Jahre 1975 hier hatte. Entlang der Strecke entstanden Industrieanschlüsse, die für einen Aufschwung auch beim Güterverkehr sorgten. Alle waren zufrieden mit dem Schienenzustand, die Stadt Radevormwald blieb 20 Jahre lang Endbahnhof der Wuppertalbahn.

Mit Volldampf zur Volme

Die märkische Kreisstadt Lüdenscheid wollte schon Jahre zuvor eine schnelle Verbindung nach Köln. Zwar existierte seit dem Jahre 1893 die Volmetalbahn[44] von Brügge nach Dieringhausen. Der Weg von Köln war auf dieser Strecke viel zu weit, zumal damals noch der Umweg über Siegburg gefahren werden musste. Die Preußische Staatsbahn verwirklichte nach vielen Diskussionen die Verbindung über Oberbrügge bis nach Anschlag zur Wippertalbahn[45] nach Wipperfürth. Eine weitere Weiche führte vom Bahnhof Anschlag nach Radevormwald. Mit der Fahrt nach Lennep war auch der Anschluss zur Balkanbahn[46] in Richtung Opladen geschafft. Von Wipperfurth aus sollte es nach den kühnen Visionen weiter nach Köln gehen – entweder über Lindlar oder Bergisch Gladbach. Beide Pläne wurden jedoch nie verwirklicht. Lüdenscheids Wunsch nach einem schnelleren Anschluss zu Köln war somit doch nicht erfüllt.

Das Teilstück zwischen Radevormwald und Oberbrügge mit Halt in Halver war am 1. Juli 1910 fertiggestellt. Im Kreuzungsbahnhof Anschlag dampften die Züge entweder weiter nach Radevormwald oder nach Wipperfürth. Wie damals üblich, feierten die Menschen diesen Brückenschlag in das Märkische Land enthusiastisch. Die Bevölkerung jubelte am neuen Bahnhof im märkischen Halver ebenso wie im bergischen Radevormwald. Entlang der Strecke begleiteten Böllerschüsse die Eröffnungsfahrt des Festzuges. Zum Festbankett in Halver sangen Sopranisten und Tenöre bekannte Werke aus Oper und Operette. Die Schiene schien jede Grenze überwinden zu können. Niemand ahnte zu diesem Zeitpunkt, dass der neue Halt in Anschlag nicht eine neue Eisenbahnepoche einleiten, sondern vielmehr den Anfang vom Ende einläuten würde.

Der „Feind" kommt im 15-Minuten-Takt

Zunächst herrschte auch zwischen den neuen Abschnitten Betriebsamkeit. Die Staatsbahn reagierte auf diese positive Entwicklung. Die Bahnhöfe in Wipperfürth und Radevormald erhielten zusätzliche Signale, Stellwerke und neue Bahnsteige. Oberbrügge erhielt als neuer Kreuzungsbahnhof zwischen der Volme- und Wuppertalbahn einen günstiger trassierten Personenbahnhof, während der frühere Haltepunkt nur noch dem Güterverkehr diente. Der Erste Weltkrieg brachte die üblichen Einschränkungen. Dennoch überstand die Wuppertalbahn den Ersten und den Zweiten Weltkrieg trotz einiger beschädigter Brücken relativ glimpflich. Als es in Deutschland ab den 1950er-Jahren wieder wirtschaftlich bergauf ging, ging es mit der Wuppertalbahn allmählich bergab. „Schuld" daran waren die Wuppertaler Stadtwerke, die im Herbst 1949 die Omnibus-Linie von Oberbarmen nach Beyenburg einführten. Im 15-Minuten-Takt raubten die Busse der Bahn immer mehr Fahrgäste. Die Bundesbahn reagierte jedoch nicht mit einem dichteren Fahrtakt. Vielmehr legte die Bahndirektion Wuppertal im Mai 1954 den Streckenabschnitt zwischen Krebsöge und Lennep für den Personenverkehr unwiderruflich still. Krebsöge war damit zum reinen Durchgangsbahnhof für die Verbindung von Wuppertal über Radevormwald nach Brügge geworden. Gleichzeitig stellte die zuständige Direktion an Bahnhöfen wie in Kupferberg, Wasserfuhr und Schwenke den Stück- und Expressgutverkehr ein. Die schleichende Demontage begann: Der durchgehende Güterverkehr der Wuppertalbahn endete mit dem Sommerfahrplan des Jahres 1957. Die von Brügge kommenden Güterzüge endeten jetzt bereits in Anschlag, die von Wuppertal kommenden Transporte in Radevormwald. In Sachen Güterverkehr war das Märkische Land damit wieder vom Bergischen Land getrennt. Die Bundesbahn kappte kurz danach auch die Wupper- von der Wippertalbahn. Der einst so euphorisch gefeierte Abschnitt zwischen Anschlag und Wipperfürth, der das Tor nach Köln öffnen sollte, wurde im Oktober 1960 komplett stillgelegt; ein Jahr später war die Trasse bereits restlos demontiert. Es war die zweite bergische Eisenbahnstrecke nach der Hütter Bahn[47], die einer Stilllegung zum Opfer fiel, viele weitere Verbindungen folgten. Und auch die Wuppertalbahn wurde weiter amputiert. Der Personenverkehr zwischen Oberbrügge und Radevormwald und der

Gesamtverkehr zwischen Anschlag und Halver endeten am 31. Mai 1964. 1968 stoppte dann auch der Gesamtverkehr zwischen Radevormwald und Anschlag. Mit dem Abbau des Gleises zwischen Radevormwald und Halver nur vier Jahre später verabschiedeten sich das Bergische Land und der Märkische Kreis zumindest in dieser Region schienenmäßig auf Nimmerwiedersehen.

Das Desaster von Dahlerau

Es war später gerichtlich nicht mehr zu klären, ob der damalige Fahrdienstleiter mit seiner Signalkelle grünes oder rotes Licht gezeigt hatte oder ob der Diesellokführer das rote Signal des Fahrdienstleiters falsch interpretierte. Jedenfalls rollte am Donnerstagabend, den 27. Mai 1971, eine Diesellok mit Güterwagen in den Bahnhof Dahlerau ein. Der Zug brach die für ihn eigentlich gesperrte Weiche auf und fuhr dann auf das Gleis in Richtung Beyenburg. In Gegenrichtung war bereits ein mit Schülern besetzter Sonderzug freigegeben. Der Fahrdienstleiter versuchte noch verzweifelt, den Güterzug anzuhalten, sein Anruf in den fünf Kilometer entfernten Bahnhof Beyenburg kam jedoch zu spät. Rund 800 Meter hinter dem Bahnhof Dahlerau prallte der Güterzug auf den vollbesetzten Schienenbus. Die Güterzuglokomotive schob den Schienenbus noch 100 Meter vor sich her, bis die Züge stillstanden. 46 Menschen starben, darunter 41 Schüler im Alter zwischen 14 und 16 Jahren. Es war das bis dato schwerste Unglück der Deutschen Bundesbahn. Rund 10.000 Menschen gingen zur Beerdigung, darunter Bundeskanzler Willy Brandt und Bundesverkehrsminister Georg Leber. Neben dem menschlichen Versagen wurden auch die „unzulänglichen Sicherheitsvorkehrungen der Bundesbahn".[48] kritisiert. Die Bundesbahn reagierte und installierte im Jahre 1975 Ausfahrsignale an den Bahnhöfen in Dahlerau und Beyenburg. Trotz dieser Modernisierung zog sich die Bundesbahn zunehmend von der Strecke zurück. In den nächsten Jahren wurden schrittweise immer weitere Abschnitte stillgelegt. Mit dem Ende des Gesamtverkehrs zwischen Oberbrügge und Halver am 31. Juli 1995 war die Wuppertalbahn endgültig Geschichte. Die Bahnhöfe Krebsöge und Kräwinklerbrücke waren bereits 1987 von der neu gebauten Wuppertalsperre überspült worden.

Draisinenverkehr und Schienentaxi

Die gesamte Wuppertalbahn war offiziell 1998 stillgelegt oder demontiert. Die gesamte Wuppertalbahn? Nicht ganz, ein Kunde existierte weiterhin. Die Papier- und Tapetenfabrik Erfurt nutzte die Trasse noch zum Gütertransport nach Oberbarmen. Ein Erdrutsch im Februar 1998 beendete auch diese Episode. Die Deutsche Bahn AG reparierte den Schaden nicht, sondern legte im Juni 1998 auch diesen Abschnitt still.

Die Wuppertalbahn bot deshalb im Sommer 2011 ein zerrissenes Bild. Zwischen Heide und Schwenke erinnert kaum noch etwas an die Eisenbahn. Der Bahnhof in

Radevormwald ist jetzt eine Bushaltestelle, auf der nur einige Flügelsignale an den Schienenverkehr erinnern. Die Trasse ist überbaut oder wird als Radweg genutzt. Bis auf zwei Bahnhofsgebäude in Anschlag und Kupferberg sowie eine Brücke und ein Stück Bahndamm verschwand auch der Abschnitt zwischen Anschlag und Wipperfürth. Nahezu intakt ist die Strecke zwischen Halver und Oberbrügge. Der alte Bahnhof Halver ist jetzt ein Kulturbahnhof mit Gaststätte und Stadtbücherei. Hinter dem Bahnhof enden die Gleise in Richtung Anschlag vor einem Wohngebiet. Den Abschnitt zwischen Wilhelmsthal und Beyenburg nutzt der Förderverein Wupperschiene. Die Eisenbahnfreunde gründeten sich 1989 und erwarben fünf Jahre später von der Deutschen Bahn AG den rund neun Kilometer langen Streckenabschnitt von Beyenburg bis Wilhelmsthal. Während die Bahn nichts mehr investierte, haben die Eisenbahnfreunde die mittlerweile denkmalgeschützte Strecke vorbildlich saniert. „Alle zwei Jahre fahren wir mit dem Unkrautzug über die Gleise", berichtete der Fördervereins-Vorsitzende Ulrich Grotstollen im Sommer 2011. Umgesetzt haben die Vereinsmitglieder bereits einen regelmäßigen Draisinenverkehr für Touristen zwischen Beyenburg nach Wilhelmsthal. Mit Geldern der Regionale 2006 und des Landes Nordrhein-Westfalen wurde die Strecke weiter saniert. Mit der Rhein-Sieg-Eisenbahn (RSE) soll in ferner Zukunft auch wieder Güter- und Tourismusverkehr etabliert werden. Der Verein kaufte nach längeren Verhandlungen Ende 2012 von der Bahn noch das 13 Kilometer lange Reststück von Beyenburg bis Rauenthal. Die Bahn AG hatte ursprünglich eine siebenstellige Summe gefordert, am Ende einigten sich die Beteiligten auf 150.000 Euro. Nach Auskunft des Fördervereins soll ab 2014 wieder regelmäßig eine Bahn rollen.[49]

Zwischen Brügge und Halver sollen ebenfalls wieder Personen befördert werden. Der Unternehmer Friedrich Wilhelm Kugel will die Strecke mit einem automatischen Personennahverkehr unter dem Namen „Schleifkottenbahn" reaktivieren. Die Testfahrten mit einem Schienentaxi auf dem inzwischen privatisierten Abschnitt zwischen Oberbrügge und Halver verliefen Erfolg versprechend.[50]

VOM KNOTENPUNKT ZUM COMPUTERSPIEL

DIE AGGERTALBAHN VON DIERINGHAUSEN NACH OLPE

Eröffnet: 1. Mai 1887 (Abschnitt zwischen Ründeroth und Derschlag)
Stillgelegt: 1. Mai 2003
Streckenlänge: rund 30 Kilometer
Stationen: Dieringhausen, Vollmerhausen Tal (Haltepunkt bis 1924), Vollmerhausen (Güterhaltepunkt), Niedersessmar, Rebbelroth (Haltepunkt bis 1921), Derschlag, Oberderschlag (Haltepunkt), Bergneustadt, Wiedenest, Pernze (Haltepunkt), Hützemert, Drolshagen, Eichen, Olpe
Direkte Anschlüsse zu anderen bergischen Nebenstrecken: Aggertalbahn zwischen Köln und Gummersbach, Volmetalbahn
Jetzige Nutzung: Radwege und Gewerbe
Reaktivierung: nahezu ausgeschlossen

Viel Betriebsamkeit herrschte in der 1920er-Jahren am Bahnhof Niederseßmar.

Noch sauber und gepflegt präsentiert sich der Bahnhof Olpe, als am 21. April 1984 dieser Schienenbus einfährt.

Gleise ins Nichts: Im Sommer 2008 war der Bahnhof Niederseßmar schon vollkommen verwahrlost.

Oje Olpe! Im Sommer 2008 mutiert der Bahnhof allmählich zum Dschungelreservat.

Auf seiner Internetseite bezeichnet sich Olpe als „schmucke Kreisstadt mit hoher Lebensqualität". Die Stadtväter sind stolz auf die Sehenswürdigkeiten und auf das „leistungsfähige Mittelzentrum" mit Handel, Handwerk und Gewerbe. Einen Bahnhof besitzt das sauerländische Olpe auch, doch der ist weniger leistungsfähig und schon gar nicht (mehr) schmuck. Von dem einstigen Bahnknotenpunkt ins Sieger-, Sauer- und Rheinland ist nur noch ein Stumpfgleis übrig. Der Bahnhof Olpe ist heute ein verwilderter Kopfbahnhof, von dem aus die einzelnen Triebwagen den „Biggesee-Express" nach Finnentrop bedienen. Die Verbindung nach Dieringhausen besteht schon längst nicht mehr. Olpe ist neben Dieringhausen das verfallene Symbol für eine fast völlig verschwundene Strecke geworden, die einst das Rheinland mit Westfalen verband.

Herr Kommerzienrat ist außer sich

Die Geschichte der Strecke Dieringhausen–Olpe beginnt eigentlich in der Kreisstadt Siegburg. Die preußische Staatsbahn hatte von dort im Oktober 1884 über Overath eine Eisenbahnverbindung nach Ründeroth eröffnet. In Olpe selbst bestand zu diesem Zeitpunkt bereits seit April 1874 eine Verbindung nach Attendorn. Diese beiden Abschnitte bildeten Teilstücke für den geplanten Bau einer vollspurigen Hauptbahn von Köln nach Kassel, die aber in dieser Form nie verwirklicht wurde. Immerhin entwickelte sich in Ründeroth das Güteraufkommen rasch in ungeahnte Höhen. Das weckte auch in Gummersbach Begehrlichkeiten. Der Dampfkesselbauer Carl Steinmüller und die Steinbruch- und Textilindustrie forderten die Verlängerung in ihr Stadtgebiet, da sonst die Betriebe abwandern würden. Die Bewohner sehnten sich nach mehr Reisekomfort, denn die engen Pferdekutschen waren meist hoffnungslos überfüllt. Die Bergisch-Märkische Eisenbahngesellschaft als Konzessionsinhaber schob das Projekt aber immer wieder vor sich her. Und das so lange, bis die Gesellschaft schließlich 1882 verstaatlicht wurde. Dadurch beschleunigte sich das Verfahren, denn der Staat Preußen wollte nun den Eisenbahnbau zügig vorantreiben. Bereits im Mai 1887 war die Strecke von Ründeroth nach Derschlag verlängert worden. Die Bevölkerung in Derschlag und Niederseßmar bejubelte dieses Ereignis mit Festessen und Freifahrt. Die örtliche Presse war ebenfalls begeistert: „Die eröffnete neue Strecke von Ründeroth nach Derschlag erschließt dem Eisenbahnverkehr nicht nur den landschaftlich schönen, sondern auch, was vom Kulturstandpunkt höher anzuschlagen ist, den gewerblich betriebsamsten Teil des Aggertales“, schrieb ein Reporter nach der Eröffnungsfahrt.[51] Nicht alle Beteiligten waren jedoch in Feststimmung. Bei der Feier in Niederseßmar redete sich der Kommerzienrat Bernhard Krawinkel über die angebliche Verschleppungstaktik der Bergisch-Märkischen Eisenbahngesellschaft so vulgär in Rage, dass die Festgesellschaft zum raschen Aufbruch drängte.

Die Bahn kommt nach Bergneustadt

Der Bahnverkehr startete zunächst mit fünf Personen- und zwei Güterzugpaaren, die täglich zwischen Siegburg und Derschlag verkehrten. Die Strecke zählte schnell zu den rentabelsten Strecken in der gesamten bergischen Region. Nur die Betriebe, die nicht an der Bahnstrecke lagen, kutschierten ihre Waren weiterhin mühsam mit dem Pferdefuhrwerk zum nächstgelegenen Bahnhof. Die Preußische Staatsbahn reagierte und verlängerte die Strecke erneut – diesmal im August 1896 mit drei zusätzlichen Kilometern bis nach Bergneustadt, wo die ansässige Textilindustrie eine Eisenbahn sehnsüchtig erwartete. Der Bahnhof fiel mit acht Gleisen, Lokstation sowie Empfangsgebäude mit Stellwerk und Fahrkartenschalter vergleichsweise üppig aus. Die Eisenbahndirektion Elberfeld erhöhte jetzt die Zahl der Personen- und Güterzüge und hatte zudem bereits entschieden, die profitable Strecke bis nach Olpe weiter auszubauen. Der preußische Landtag bewilligte für dieses Projekt rund 3,4 Millionen Mark.

Die Bahnarbeiten für den Abschnitt von Bergneustadt nach Olpe zwischen den Jahren 1889 und 1903 waren sehr aufwendig. Wegen der zahlreichen Höhenunterschiede wurden mehrere Viadukte, Tunnel und Dämme gebaut. Die Kosten explodierten derartig, dass der preußische Landtag noch einmal 274.000 Mark bewilligte. Dann aber war es soweit: Geradezu überschwänglich begrüßten die Menschen am 1. September 1903 den Festzug zur Streckeneröffnung mit zahlreichen Böllerschüssen. Die Aggertalbahn hatte vom Rheinland aus den Anschluss an die Region Südwestfalen geschafft, zu der das Sauerland, das Siegerland und das Wittgensteiner Land gehörten. „Darum jubelt heute die Stadt Olpe und jedermann wünscht, dass die Inbetriebsetzung der Strecke Bergneustadt–Olpe den Bewohnern des Biggetals, insbesondere aber der Stadt Olpe dauernd zu Segen gereichen möge“, schrieb damals das „Sauerländische Volksblatt“. Es sollte anders kommen.

Nach Köln gelangten die Reisenden bald sehr viel schneller. Durch den Tunnelbau zwischen Overath und Rösrath war der 18 Kilometer lange Umweg über Siegburg ab August 1910 überflüssig. Auch die Trasse zwischen Dieringhausen und Derschlag wurde in den kommenden Jahren optimiert.

Die Schienen, die zunächst neben der Köln–Olper Chaussee durch das Oberbergische Land verliefen, verlegte die Bahn auf einen eigenen Gleiskörper. Die Fahrzeit zwischen Köln und Olpe betrug ab Oktober 1914 nur noch anderthalb Stunden, die Fahrgastzahlen stiegen weiter an und Kleinbahn-Anschlüsse an den Bahnhöfen in Derschlag und Vollmerhausen sorgten für ein erhöhtes Frachtaufkommen durch die Steinbruchindustrie. Viele bergische Betriebe dürsteten so sehr nach Güterverkehr, dass in den kommenden Jahren Bahnhöfe wie in Eichen, Drolshagen und Hützemert zusätzliche Firmenanschlüsse erhielten. Die Eisenbahn öffnete das Tor zur Welt immer weiter: In Finnentrop fuhren die Züge seit 1911 weiter nach Wennem. Damit war der letzte Abschnitt des Köln–Kasseler Projektes fertiggestellt – allerdings nur als Nebenbahn. Die Zahl der Personenzüge wuchs konstant, sodass alleine Olpe im Jahre 1913 von täglich neun Zugpaaren passiert wurde. Abends und morgens balgten sich die Arbeiter um die Sitzplätze, am Wochenende nutzten Ausflügler die Eisenbahn zu einer Spritztour ins Bergische Land. Die bergischen Bahnträume wuchsen förmlich in den Himmel und es existierten sogar Pläne, die Strecke als eingleisige Hauptbahn auszubauen.

Ein erfolgloser Eilzug

Diese Träumereien beendete im Jahre 1914 der Erste Weltkrieg. Die Kriegsjahre bis 1918 schränkten den Streckenbetrieb erheblich ein. Für den Transport der Kriegsmaschinerie wurde der Personenverkehr drastisch reduziert, für nötige Gleisarbeiten war nun keine Zeit. Der Streckenzustand verschlechterte sich erheblich und führte nach Kriegsende zu zahlreichen Entgleisungen. Die Fahrgastzahlen erreichten nicht mehr das Vorkriegsniveau, sodass die Haltepunkte Rebberoth und Vollmerhausen-Tal bald darauf geschlossen wurden.

Noch aber wurde nicht nur reduziert, sondern auch ausgebaut. Die Reichsbahndirektion Wuppertal setzte ab dem Sommerfahrplan 1931 auf der Strecke sogar erstmals einen Eilzug ein. Dennoch entwickelte sich dieser Eilzug wegen der ungünstigen Fahrzeiten zu keinem Erfolgsmodell und wurde zwei Jahre später wieder aus dem Fahrplan gestrichen.

Während des Zweiten Weltkrieges blieb die Strecke von größeren Zerstörungen verschont. Nach Kriegsende wiederholte sich das Spiel: Reisende nutzten die zunächst wenigen Züge zumeist für Hamsterfahrten. Spätestens mit Gründung der Deutschen

Bundesbahn im Jahre 1949 hatte sich der Zugverkehr zwischen Olpe und Dieringhausen wieder normalisiert.

Ersatzlos eingestellt

Die Bundesbahn rationalisierte ab den 1950er-Jahren auch die Strecke Dieringhausen–Olpe. Das Betriebswerk in Olpe wurde im Jahre 1953 aufgelöst und zur Außenstelle von Finnentrop degradiert. Für die verkehrsschwachen Zeiten setzte die Bahn ab 1952 verstärkt die flexiblen Schienenbusse ein. Noch sorgten rund 2.000 Arbeitnehmer aus den anliegenden Gemeinden, die in Bergneustadt für die Textilindustrie arbeiteten, für einen starken Pendelverkehr.

Die steigende Motorisierung in den 1950er-Jahren sorgte aber allmählich für den Niedergang. Auch der Güterverkehr wurde von Lkw dominiert, die Waren flexibler und meist günstiger ausliefern konnten; die Bahnhöfe verloren zunehmend ihre Firmenanschlüsse. Die Fahrgastzahlen schrumpften stetig, zumal parallel der Busverkehr massiv ausgebaut wurde.

Der Niedergang war in den 1960er-Jahren nicht mehr aufzuhalten. Was die Bahn wohl auch nicht mehr wollte, die vielmehr Zugpaare reduzierte und im Sommer 1965 den durchgehenden Güterverkehr ersatzlos einstellte. Immer mehr Gleise wurden demontiert an Bahnhöfen, die die Bahn zunehmend in Haltepunkte umwandelte. Die parallel gebaute Bundesautobahn A 4 von Köln nach Olpe sorgte zudem dafür, dass Mitte der 1970er-Jahre immer mehr Pendler von der Bahn auf das Auto umstiegen. Praktisch an jedem Ort, wo die Bahn hielt, war mittlerweile die nächste Autobahnauffahrt nicht weit entfernt.

Der Trans-Europa-Express gibt sich die Ehre

Ahnungslose Besucher des Bahnhofes Bergneustadt rieben sich im Mai 1976 verwundert die Augen. Wo sonst die „roten Brummer“ verkehrten, fuhren an diesem Wochenende plötzlich schwere Dieselloks sowie die bullige „Bügelfalten“-E-Lok der Baureihe 110.

Sogar der legendäre Trans-Europa-Express gab sich in Bergneustadt die Ehre. Hatte die Bundesbahn die Strecke etwa doch noch zur Hauptbahn ausgebaut? Mitnichten, gefeiert wurde das 80-jährige Bestehen des Bahnhofs Bergneustadt. Weil Bergneustadt zudem als Stadt zeitgleich sein 675-jähriges Bestehen zelebrierte, wollte sich die, mittlerweile für die Strecke zuständige, Bundesbahndirektion Köln nicht lumpen lassen; sogar der damalige Direktionspräsident Joseph Streier schaute in Bergneustadt vorbei. Der Festfreude folgte schnell die Katerstimmung. Drei Jahre später war die Stilllegung der Strecke beschlossen und die Bahn setzte nur noch die gesetzlich vorgeschriebenen Mindestzugpaare an. An einem regnerischen Dezembertag des Jahres 1979 rollte in Olpe der letzte Personenzug ein. Jetzt blieb auf der Strecke nur der Güterverkehr übrig. Aber auch den ließ die Bahndirektion trotz guter Auslastung konsequent ausbluten. Bereits im Sommer 1976 hatte die Bahn die Stückgut- und Expressabfertigung an der Strecke eingestellt. In anderen Bahnhöfen wurden sukzessive die Ladegleise entfernt und Olpe war mit dem Anschlussverlust nach Betzdorf ab Mai 1983 wieder ein Kopfbahnhof geworden.

Ein Schauspiel des Schreckens

Ein Dammrutsch im Herbst 1988 nahe dem Örtchen Wiedenest schränkte den Zugbetrieb weiter ein. Die Bundesbahn reparierte den Schaden nicht, sondern kündigte einen Güteranschluss nach dem anderen auf. Mit dem Ende des Güterverkehrs zwischen Niederseßmar und Dieringhausen am 31. Dezember 1996 war die Strecke endgültig stillgelegt. Vollendete Tatsachen wurden geschaffen, als zwei Jahre später in Olpe die Verbindungsweiche nach Dieringhausen entfernt wurde. Damit war die einst so gefeierte Strecke Dieringhausen–Olpe knapp 90 Jahre nach ihrer Vollendung nur noch Geschichte.

Noch war die Strecke aber im Trassensicherungsprogramm des Landes Nordrhein-Westfalen enthalten und konnte damit theoretisch reaktiviert werden. Die Eisenbahngesellschaft für den Bergischen-Märkischen Raum wollte die Strecke zu diesem Zweck aufkaufen. Die anfallenden Kosten für eine Reaktivierung bezifferte das Land Nordrhein-Westfalen im Januar 1999 allerdings auf rund 100 Millionen Euro. Die Bahngesellschaft hoffte auf eine kostengünstige Variante, was der damalige Bergneustädter CDU-Abgeordnete Helmut Strick als „Traumtänzerei" bezeichnete.[52] Die zaghaften Schritte zur Reaktivierung waren damit auf Eis gelegt. Drei Jahre später erklärte der Kreistag Olpe, dass er an einer Reaktivierung nicht mehr interessiert sei.[53] Das Eisenbahnbundesamt legte im Mai 2003 den letzten Abschnitt zwischen Dieringhausen und Bergneustadt offiziell still. Teile der Trasse wurden nun gerupft und verkauft, dienten als Parkplatz, Baustellenzufahrt oder wurden, wie am Bahnhof Drolshagen, komplett überbaut. Die Stadt Drolshagen ging besonders rabiat mit ihrer Bahngeschichte um und riss im November 2008 den prägnanten Viadukt ab.

Im Sommer 2008 bot die einst so betriebsame Strecke von Dieringhausen nach Olpe für Eisenbahnfreunde an den meisten Stellen ein Bild des Schreckens. Die Gleise waren entweder entfernt, überwuchert oder überbaut. Bahnhöfe, Güterschuppen und Haltepunkte gammelten vor sich hin oder wurden, wie in Bergneustadt, abgerissen. Während am Bahnhof Derschlag noch vergleichsweise viele Gleise liegen, enden die Schienen spätestens ab Pernze mitten im Wald. Der Abschnitt von Hützemert bis Drolshagen ist mit der Eröffnung des Wegeringhausener Tunnels seit 2012 ein Teil des Bergischen Panorama-Radweges und soll in den nächsten Jahren bis Olpe ausgebaut werden. Wer die Eisenbahn noch erleben möchte, muss in die virtuelle Welt ausweichen. Ein Wuppertaler Softwarehersteller baute im Jahre 2003 für einen Zugsimulator die Strecke Dieringhausen–Olpe nach. Im selben Jahr schloss sich in Olpe für immer die Bahnhofstür. Der Bahnhof ist jetzt nur noch ein unbesetzter Haltepunkt.

IM REICH DES PFEFFERMINZDOKTORS

DIE KORKENZIEHERBAHN VON SOLINGEN NACH WUPPERTAL-VOHWINKEL

Eröffnet: 15. November 1887 (Abschnitt zwischen Solingen-Wald und Wuppertal-Vohwinkel)
Stillgelegt: 15. März 1996
Länge: rund 16 km
Stationen: Solingen-Süd (später Solinger Hbf), Solingen-Nord, Solingen-Wald, Gräfrath, Vohwinkel
Jetzige Nutzung: Gewerbe, Rad- und Wanderweg
Reaktivierung: theoretisch möglich, Trasse noch vorhanden

So viele Menschen lockte einst die Eröffnung einer Eisenbahnlinie an. Unzählige Feierfreudige begrüßen am 15. November 1887 den Eröffnungszug am Bahnhof Wald.

Auch der Bahnhof Gräfrath ist Ende des 19. Jahrhunderts stark frequentiert.

Kein Mensch mehr im November 2012 am Bahnhof Wald: Das Bahnhofsgebäude steht leer, während links der Radweg Korkenzieherrasse verläuft.

Abgedampft im November 2012: Der Bahnhof Gräfrath existiert nicht mehr.

„Besser krumm gefahren als grad zu Fuß gegangen“, lautete das Motto für die Korkenzieherbahn zwischen Solingen und Wuppertal. Der Name entstand im Volksmund, weil der Streckenverlauf mit seinen vielen Windungen an die Form eines Korkenziehers erinnerte. Die Solinger kämpften lange für diese Eisenbahn, die aber trotz ihres Kosenamens wegen der eher mäßigen Auslastung rasch an Bedeutung verlor.

Schienen für Solinger Stahl

Die Stadt Solingen ist bis heute berühmt als Zentrum der deutschen Klingen-, Messer- und Schneidwarenindustrie. Möglich machten diese Entwicklung die vielen Bäche und Flüsse, die für die nötige Wasserenergie sorgten. Der Satz „Mich fertigte Solingen“ als Kennzeichnung auf Schwertern wurde bereits im 16. Jahrhundert ein Synonym für hochwertige Klingen in ganz Mitteleuropa. Heute nennt sich Solingen ganz offiziell „Klingenstadt“.

Um eine scharfe Klinge zu fechten, benötigte die ansässige Industrie jedoch auch Rohstoffe. Und die wurden Anfang des 19. Jahrhunderts wie überall noch mühsam per Pferd transportiert. Frühzeitig gab es deshalb schon Versuche, den Kreis Solingen an das Eisenbahnnetz anzuschließen. Den ersten Ansatz versuchte bereits im Jahre 1834 der damalige Solinger Landrat Georg Freiherr von Hauer. Der Politiker wollte eine Bahn von Köln nach Wuppertal bauen, um damit die Bergisch-Märkische Eisen-, Stahl- und Textilproduktion mit dem Rheinland zu verbinden.

Doch es sollte noch bis zum Jahre 1863 dauern, ehe die Bergisch-Märkische Eisenbahngesellschaft im Rahmen der Linie Deutz–Gruiten beschloss, vom heutigen Solinger Stadtteil Ohligs aus auch eine Zweigbahn nach Solingen zu bauen. Vier Jahre später wurde am 25. September 1867 die Zweigbahn von Ohligs nach Solingen-Weyersberg feierlich eröffnet. Ohligs, das seit 2006 auch der Solinger Hauptbahnhof ist, entwickelte sich von da an zu einem Einbahnknotenpunkt mit Anschlüssen nach Remscheid und Düsseldorf.

Der Kreis Solingen war jedoch schnell unzufrieden mit der nur sechs Kilometer langen Stichbahn. Die zum Industriebezirk zählenden Gemeinden Wald und Gräfrath blieben mit ihrem Warentransportbedarf außen vor. Es dauerte bis zum Jahre 1883, ehe der Landtag rund drei Millionen Mark für den Bau einer sogenannten Sekundärbahn von Solingen über Gräfrath nach Vohwinkel bewilligte. Während die Gemeinden Wald und Gräfrath jubelten, sahen andere Solinger in der geplanten Nebenbahn nur Stückwerk. Und erneute Streitereien über Kosten, Grunderwerb und Lage der Bahnhöfe verzögerten wiederum den Baubeginn.

Ein unvergleichliches Ereignis

Die endgültige Streckenführung stand erst Ende des Jahres 1885 fest. Dann wurde im April 1886 mit dem Bahnbau begonnen. Die Arbeiter schütteten wegen der hügeligen Landschaft zahlreiche Dämme auf und kämpften sich mit Spitzhacke und Schaufel durch die Erdmassen. Nach einer ersten Probefahrt konnte dann am 15. November 1887 das erste Teilstück von Vohwinkel nach Wald offiziell eröffnet werden – ein Ereignis, das die Walder Bevölkerung wie gewohnt mit Festfahrt, Fahnenschmuck und einem Festessen bejubelte. Die „Walder Zeitung“ jubelte mit und schrieb: „Wald hat kein Ereignis zu verzeichnen, das von solcher Wichtigkeit und Bedeutung für seine Existenz und seine Zukunft, für seine Industrie, seinen Handel und sein Gewerbe ist.“

Auch in Gräfrath knallten die Böller, denn die Stadt erhielt ein eigenes Empfangsgebäude. Die Reststrecke bis Solingen-Süd wurde am 12. Februar 1890 für den Bahnbetrieb freigegeben. Über den Bahnhof-Süd rollten die Züge bis zum Bahnhof Weyersberg zum Anschluss an die Strecke zwischen Solingen und Ohligs.

Die Korkenzieherbahn hatte einen verheißungsvollen Start. Auf der Gesamtstrecke konnten die Fahrgäste für 1,50 Mark mit dem „Rundreise-Billett“ eine zweistündige Fahrt durch das Bergische Land unternehmen. Die Frühzüge waren morgens von Arbeitern, die in Solingen oder Wuppertal arbeiteten, gut besetzt. Auch die Stadt Gräfrath profitierte von der Eisenbahn und die Bevölkerung wuchs ebenso wie der Wohlstand. Bekannte Firmen wie der Haushaltswaren-Hersteller Krups und die Dr. Hillers AG (Dr. Hillers Pfefferminz) siedelten sich entlang der Bahnstrecke an.

Doch im Personenverkehr hielt die Bahn nicht, was sich die Bevölkerung von ihr versprochen hatte. Lange Wartezeiten bei den Anschlussverbindungen in Solingen-Süd oder Vohwinkel frustrierten die Fahrgäste. Ab dem 18. November 1889 konkurrierte zudem die Solinger Kreisbahn mit den Korkenzieherzügen. Die Straßenbahn fuhr praktisch parallel zur Eisenbahn, bot aber niedrigere Fahrpreise, einen kürzeren Streckenverlauf und dichtere Zugfolgen.

Nach dem kurzen Höhenflug durch den Bau des Strandbades im Ittertal im Jahre 1917 und dem dadurch steigenden Ausflugsverkehr verlor die Strecke Solingen–Vohwinkel im Personenverkehr rasch an Bedeutung. Die Reichsbahn reagierte mit reduzierten Zugpaaren und lehnte die von den Kreisvertretern geforderte günstigere Fahrpreisgestaltung ebenso ab wie den Einsatz von flexiblen Triebwagen. Das Ende des Personenverkehrs folgte fast zwangsläufig. Die Reichsbahn legte noch vor Ende des Zweiten Weltkrieges am 2. November 1942 den gesamten Personenverkehr für immer still. Aber die Korkenzieherbahn war sowieso primär für den Güterverkehr gebaut worden, der dann nach dem Ende des Zweiten Weltkrieges wieder aufgenommen wurde.

Fußballfieber in Vohwinkel

Hochspannung herrschte im Sommer 1948 in Vohwinkel: Das Fußballfieber war ausgebrochen. Der TSG Vohwinkel kämpfte gegen den Abstieg aus der Oberliga West, damals die höchste Spielklasse. Um den Fahrstuhl nach unten zu vermeiden, waren nach Saisonende vier Entscheidungsspiele gegen den SC Preußen Dellbrück aus Köln nötig, die Vohwinkel am Ende für sich entschied. Der Zuschauerandrang für das Spiel gegen die Preußen, bei dem der Nationaltorhüter Fritz Herkenrath zwischen den Pfosten stand, war so groß, dass für die Fahrt zum Walder Stadion noch einmal die Korkenzieherbahn reaktiviert wurde. Doch das rekordverdächtige Fahrgastaufkommen sorgte für kein Comeback beim Reiseverkehr. Vielmehr verfiel die Trasse derart schnell, dass zunehmend die Güterzüge aus den Schienen hüpften, was die Bundesbahn im Jahre 1952 zwang, den Oberbau zu sanieren.

Dem Güterverkehr ging es dennoch an den Kragen. Ab 1958 verkehrten im Abschnitt zwischen Gräfrath und Wald keine Güterzüge mehr, zehn Jahre später folgte dort der Abbau der Gleise. In den Jahren 1966 und 1975 machte in den Bahnhöfen Gräfrath und Wald auch die Güter- und Expressgutabfertigung dicht. Die Deutsche Bahn AG legte am 15. März 1996 die Strecke endgültig offiziell still. Wegen einer Streckensperrung konnte zuvor noch nicht einmal am 3. September 1995 die geplante Abschiedsfahrt stattfinden. Der Gleisabbau folgte zwei Jahre später.

Basketballspiel statt Bahnfahrt

Die Stadt Solingen wollte danach die Grundstücke von der Bahn AG erwerben, was zunächst aus finanziellen Gründen scheiterte. Mit dem Geld der Regionale 2006 konnte die Stadt dann im Jahre 2002 die Grundstücke doch aufkaufen und 2003 zum Rad- und Wanderweg umbauen. Die ehemalige Bahntrasse ist seit August 2007 eine viel genutzte Verbindung von Solingen über Gräfrath bis zur Stadtgrenze. An den zahlreichen Hinweistafeln erfährt der Wanderer Wissenswertes über die Stadt- und Bahngeschichte.

Durch das Ende der Korkenzieherbahn verloren allerdings die einst wichtigen Bahnhöfe ihre Bedeutung. Der Bahnhof Solingen-Süd, der bis 2006 der Solinger Hauptbahnhof war, steht zwar seit 1993 unter Denkmalschutz, dient aber heute nur noch als Firmensitz. Am ehemaligen Bahnhof-Nord entstand im Oktober 2010 eine Spiel- und Freizeitfläche. Der Bahnhof Solingen-Wald steht noch, doch die Gaststätte hat dicht gemacht und das gesamte Gelände machte im November 2012 einen heruntergekommen Eindruck. Am schlimmsten aber erwischte es den einst so stolzen Bahnhof Gräfrath. Eine geplante kulturelle Nutzung scheiterte und das denkmalgeschützte Gebäude verrottete allmählich. Und zwar so verheerend, dass der Besitzer den Bahnhof mit gerichtlicher Genehmigung im Herbst 2011 dem Erdboden gleich machte.[54] Jetzt erinnern noch ein paar aufgetürmte Schwellen an den einstigen Bahnbetrieb.

RÄNKESPIELE IN DER REPUBLIK

DIE WISSERTALBAHN VON WALDBRÖL NACH WISSEN

Eröffnet: 1. Oktober 1890 (Abschnitt zwischen Morsbach und Wissen)
Stillgelegt: 24. Dezember 1997
Streckenlänge: rund 21 km

Stationen / Abschnitt zwischen Morsbach und Wissen:
Morsbach, Rein, Volperhausen, Burg Volperhausen (Haltepunkt bis 1925), Wisserhof, Wissen

Abschnitt zwischen Waldbröl und Morsbach:
Waldbröl, Hermesdorf, Kömpel (Haltepunkt), Morsbach

Direkte Anschlüsse zu anderen bergischen Nebenbahnstrecken: Kleinbahn Bielstein–Waldbröl, Wiehltalbahn

Jetzige Nutzung: Geplant ist ab 2013 ein regelmäßiger Tourismusverkehr, gemeinsam mit der Wiehltalbahn.

Reaktivierung: In ferner Zukunft ist wieder Güter- und Personenverkehr vorgesehen.

Als im Bergischen Land die Eisenbahn noch gebaut und nicht demontiert wurde: Gleisarbeiten in den 1930er-Jahren am Bahnhof Morsbach.

Schienenschnittstelle: Auf dem Bahnhof Hermesdorf kreuzten die Züge aus dem Wiehl- und Wissertal.

Der Bahnhof Morsbach im Sommer 2012. Gleisarbeiten finden hier schon lange nicht mehr statt.

Außer Betrieb im Sommer 2012. Da stört auch das Grünzeug auf den Gleisen des ehemaligen Bahnhofs Hermesdorf nicht weiter.

Einmal jährlich wird aus der kleinen Gemeinde Morsbach das Fürstentum Monaco. Dann verwandelt sich der Ortskern, wie das große Formel-1-Vorbild, in eine Rennstrecke. Aber nicht PS-starke Boliden heizen durch die Straßen, sondern Männer mit Muskelkraft schieben Schubkarren vor sich her. Der „Große Preis der Republik" ist bei der traditionellen Morsbacher Kirmes als Schubkarrenrennen sehr beliebt. „Republik", so taufte der damalige Landrat des Oberbergischen Kreises Dr. August Dresbach nach dem Zweiten Weltkrieg die Gemeinde Morsbach, weil sie von Höhenzügen umgeben ist. Auf diesen Begriff sind die Bürger bis heute stolz. Stolz waren die Bürger einst auch auf ihre Eisenbahn. Der Bahnhof Morsbach bildete die Schnittstelle zwischen dem Oberbergischen Land und dem Siegerland. Seitdem ist viel Wasser die Sieg herunter geflossen. Die Wissertalbahn existiert offiziell nicht mehr. Und sie wäre wohl komplett von der bergischen Bildfläche verschwunden, wäre nicht ausgerechnet aus dem weit entfernten Wiehl die Rettung genaht.

Wissen will mehr

Schon früh planten Industrielle für das Wissertal eine Eisenbahnstrecke. Bereits 1853 landete auf den Tisch des Königlichen Handelsministeriums eine Denkschrift für eine Eisenbahn von Elberfeld über Morsbach nach Wissen. Über das Denkmodell gelangte der Plan allerdings nicht hinaus. Immerhin war Wissen ab August 1860 ein Bahnhof der neu gebauten Rhein-Sieg-Bahn, die von Deutz nach Gießen führte. Wissen aber wollte mehr, nämlich eine Nord–Süd-Verbindung in das sauerländische Olpe. Das Handelsministerium schmetterte die vorgelegten Pläne einer Bahn vom sauerländischen Rothemühle über Morsbach bis Wissen im Oktober 1868 erneut ab. Ein paar Jahre später dachten die Beteiligten bereits in kleineren Dimensionen. Das Komitee für den Bau einer Eisenbahn von Morsbach nach Wissen war nun mit einer Lokalbahn zufrieden. Die Nebenbahn sollte von Morsbach aus in die Siegtalbahn münden. Gedacht war die Strecke für Arbeiter, die täglich zur Wissener Alfredhütte und zur Alten Hütte nach Brückhöfe mussten. Entlang des Wissertales existierten zudem zahlreiche Eisenstein-, Blei- und Kupfererzgruben. Diese Betriebe kämpften seit dem Bau der Rhein-Sieg-Strecke ums Überleben, weil der Pferdewagentransport über die Landstraße langwierig und teuer war. Die älteste existierende Eisenhütte meldete bereits 1863 Konkurs an. Das Komitee sprach deshalb in seiner Denkschrift für den Eisenbahnbau vom 14. November 1883 von „einer Notstandsbahn im vollsten Sinne".

Ein Brückenschlag an die Sieg

Diesmal hatte das Komitee mehr Glück. Der Staat Preußen hatte mittlerweile die meisten privaten Eisenbahngesellschaften übernommen und zeigte sich gegenüber dem Bau solcher Nebenbahnen schon wesentlich aufgeschlossener. Der erhoffte Eisenbahnbau wurde am 7. Mai 1885 genehmigt, zumal die Kommunen den erforderlichen Grund und Boden sowie einen Baukostenzuschuss von 34.500 Mark beisteuerten. Nach einigen Querelen um die Streckenführung ging die Strecke am 1. Oktober 1890 in Betrieb. Der bereits bestehende Bahnhof Wissen erhielt für die neue Wissertalbahn einen eigenen Abzweig für die Strecke nach Morsbach. Zunächst existierten für den Personenverkehr drei Zugpaare, die zeitlich auf den Schichtbetrieb in der Alfredhütte abgestimmt waren. Für den samstäglichen Viehmarkt in Morsbach wurde ein weiteres Zugpaar eingerichtet. Die an der Strecke gelegenen Gruben wurden aber durch die neue Strecke nicht mehr gerettet, die Gruben an der Rhein-Sieg-Bahn waren der Konkurrenz schon längst davongeeilt. Da nutzte in Morsbach auch ein Feldbahnanschluss zur Grube Magdalena nichts mehr. Die 600-jährige Ära des Morsbacher Bergbaus mit bis zu 70 Gruben war Ende der 1920er-Jahre vorbei. Diese Betriebe sorgten bis dahin dennoch auf der Strecke für ein erhöhtes Frachtaufkommen. Zudem transportierten die Güterzüge unter anderem Baustoffe, Holz und Saatgut; der bahntechnische Brückenschlag an die Sieg war geschafft.

Ein Zug mit zahlreichen Zwischenstopps

Die Stadtväter in Waldbröl und Gummersbach überlegten inzwischen, die seit 1897 bestehende Wiehltalbahn[55] zwischen Osberghausen und Wiehl nach Süden hin in Richtung Siegtal zu verlängern. Debattiert wurden Abzweigungen von Wiehl ins Homburger Bröltal oder nach Wildbergerhütte. Am Ende machte 1902 die Verlängerung von

Hermesdorf nach Morsbach das Rennen. Gebaut wurde bis zum 15. Dezember 1986 der Abschnitt von Wiehl nach Waldbröl. Der Lückenschluss über Hermesdorf nach Morsbach folgte am 30. September 1908. Der festlich geschmückte Eröffnungszug brauchte drei Stunden, um von Waldbröl nach Morsbach zu kommen. Überall stürmten Menschen auf die Strecke, um den Festzugteilnehmern ihre Wünsche für weitere Haltepunkte mitzuteilen, mehrere Zwischenstopps waren die Folge. Weil die Beteiligten nachträglich auch den bereits fertiggestellten Abschnitt von Wiehl nach Waldbröl feiern, war das Fest besonders rauschend.

Kurze Wege nach Kömpel

Nicht nur der Eröffnungszug benötigte viel Zeit, recht lange war mit rund 70 Minuten auch die Fahrtzeit von Wissen nach Waldbröl. Darin enthalten waren die zehn Minuten, die eine Lok am Kopfbahnhof Morsbach benötigte, um in Richtung Wissen umgespannt zu werden. Überhaupt wurde der Bahnhof Morsbach, von dem die Strecke nach Hermesdorf und nach Wissen abzweigte, erheblich ausgeweitet. Zu den vier Hauptgleisen baute die Preußische Staatsbahn ein Ladegleis mit Güterschuppen und einen Wasserturm. Zwischen Morsbach und Hermesdorf entstand zudem im November 1911 mitten im Wald der Haltepunkt Kömpel. Das schien auf den ersten Blick überraschend, weil der Ortsteil nur über eine Handvoll Einwohner verfügt und zudem kilometerweit vom Haltepunkt entfernt liegt. Doch der Haltepunkt war von den Bewohnern aus den umliegenden Ortschaften Böcklingen, Lichtenberg und Hülstert gut zu Fuß erreichbar. Hermesdorf war ebenfalls ein Abzweigebahnhof mit Stellwerk geworden. Die Gleise führten hier entweder südlich nach Denklingen zur Wiehltalbahn und östlich nach Morsbach.

Fahrgastzahlen und Güterverkehr waren zunächst recht erfreulich. Die Freude war dennoch nicht ungetrübt. Die Gemeinde Morsbach klagte, dass die Strecke der Gemeinde doch nicht die erhofften wirtschaftlichen Vorteile gebracht hätte. Schlimmer noch, es war dadurch sogar Kaufkraft nach Waldbröl abgewandert. Helfen sollte eine weitere Eisenbahnverbindung, die von Morsbach aus an die Strecke Rothemühle–Freudenberg gedacht war. Die im November 1912 entwickelten Pläne versandeten aber spätestens in den 1920er-Jahren, die Wissertalbahn sollte nie ins Sauerland führen. 30 Jahre lang blieb das Zugangebot auf der Strecke praktisch unverändert, dann weitete die Reichsbahndirektion den Fahrplan im Sommer 1939 noch einmal aus. Sieben Personenzugpaare waren nun an den Werktagen und vier Zugpaare an den Sonntagen zwischen Waldbröl und Wissen unterwegs. Dann sorgte der Zweite Weltkrieg für den entscheidenden Schicksalstreffer.

Schicksalsschlag in Volperhausen

Das „Nutscheid“ ist ein rund 20 Kilometer langer Höhenrücken im Grenzbereich zwischen dem Oberbergischen und dem Rhein-Sieg-Kreis. Gegen Ende des Zweiten

Weltkriegs befanden sich im Nutscheid Abschussrampen für die V1-Raketen. Auch über die Wissertalbahn wurden diese sogenannten Vergeltungswaffen transportiert. Am 19. März 1945 fuhr von Wissen aus ein mit V1-Raketen beladener Güterzug nach Hermesdorf. Zwischenhalt machte der Zug in Volperhausen, wo die Raketen auf einem Überholgleis versteckt wurden. Das Versteck wurde jedoch entdeckt und der Munitionszug umgehend beschossen. Die Volltreffer jagten mehrere Häuser in die Luft und das Bahnhofsgebäude in Volperhausen wurde vollkommen zerstört. Ein Lokführer und zwei Bahnpolizisten starben bei dem Angriff. Angetrieben durch die „Politik der verbrannten Erde“ sprengten Wehrmachtssoldaten kurz danach auch den Viadukt in Morsbach-Heide und die Siegbrücke in Wissen. Die Wissertalbahn war damit unfreiwillig stillgelegt.

Speyer stoppt die Wissertalbahn

Nach Kriegsende kam es auf einer Teilstrecke zunächst zu einer Art Notbetrieb. Die Gemeinde Morsbach und die jetzt zuständige Reichsbahndirektion Wuppertal reaktivierten mit Zustimmung der Alliierten den rund sechs Kilometer langen Abschnitt von Hermesdorf bis zum zerstörten Viadukt in Morsbach-Heide. Am 1. Juli 1947 starteten wieder täglich drei Zugpaare von Waldbröl aus. Hinter dem zerstörten Bahnhof Volperhausen war die Strecke aber durch die Kriegsschäden unbefahrbar. Die Gemeinde Morsbach wollte gemeinsam mit der Reichsbahndirektion Wuppertal auch noch das Reststück nach Wissen reaktivieren, doch dazu kam es nicht mehr.

Dabei hatte die Bahndirektion bereits ein Jahr nach Kriegsende die marode Strecke zur Reparatur öffentlich ausgeschrieben. Kurz danach teilten die Alliierten die Grenzen neu ein und der Abschnitt ab Volperhausen in Richtung Wissen wurde nun über Nacht von den Franzosen beaufsichtigt. Für diesen Abschnitt war jetzt die Reichsbahndirektion Mainz zuständig, die wiederum der Südwestdeutschen Eisenbahn in Speyer unterstellt war. Und im über 200 Kilometer von Wissen entfernten Speyer dachten die Verantwortlichen nicht daran, Geld zum Wiederaufbau in diese Strecke zu stecken. Die Bemühungen der Gemeinde Morsbach, den Abschnitt zu reaktivieren, wurden immer wieder wegen angeblichen Geldmangels zurückgewiesen. Immer weniger Gleise gab es auf der Wissertalbahn. Die Bundesbahndirektion Wuppertal legte am 2. Oktober 1960 den Abschnitt zwischen Morsbach und Wissen endgültig still und den Personenverkehr zwischen Morsbach und Hermesdorf gleich mit.

Ein teuflischer Trauerzug

Förmlich mit dem Teufel zu ging es beim letzten Personenzug. Denn es waren die Morsbacher „Doorfdeuwel“, eine Art Männergruppe mit „Schalk im Nacken“[56], die dem letzten Abschiedszug mit einem Trauerkranz das letzte Geleit gaben. Vier Jahre später sorgte der Abbauzug zwischen Volperhausen und Morsbach, wo bereits seit dem

22. Mai 1954 keine Personenzüge mehr verkehrten, für vollendete Tatsachen. Immerhin stellte die Gemeinde Morsbach ihren Bahnhof bereits 1982 unter Denkmalschutz. Noch aber hielt sich der Güterverkehr zwischen Hermesdorf und Morsbach. Die Dieselloks der Baureihe 217 und 218 fuhren regelmäßig Holz, Bauwagen oder landwirtschaftliche Produkte durch das Wissertal. Die Deutsche Bahn AG wollte zu dieser Zeit jedoch an die Börse und sich deshalb von weiteren Nebenbahnstrecken trennen. Dazu zählte auch die Wissertalbahn. Der letzte Güterzug verkehrte am 5. Oktober 1994, weil die Bahn keinen Euro mehr in die Strecke investieren wollte.

Es hätte nicht viel gefehlt und die Strecke hätte das Schicksal vieler anderer bergischer Strecken ereilt. Obwohl das Stilllegungsverfahren noch nicht abgeschlossen war, demontierte die Gemeinde Morsbach am Bahnhof bereits die Gleise. Der illegale Raubbau wurde jedoch vom Eisenbahnbundesamt gestoppt. Die Rettung kam überraschend aus Wiehl, wo Bürger im Jahre 1994 einen Förderkreis zur Rettung der ebenfalls stillgelegten Wiehltalbahn gründeten. Die Mitglieder wollten die Wiehltalbahn zusammen mit der Strecke Hermesdorf–Morsbach wieder für den Güter-, Personen-, und Tourismusverkehr nutzen. Diese Pläne entsetzten die anliegenden Gemeinden. Morsbach wollte die am 24. Dezember 1997 vom Eisenbahnbundesamt offiziell stillgelegte Strecke demontieren und für Neubauten und Radwege nutzen. Eine Prozessflut folgte, bei der am Ende die Bahnfreunde gewannen. Die Bezirksregierung stellte zunächst im Jahre 2003 die gesamte Bahnstrecke unter Denkmalschutz. Die Gemeinde Morsbach beantragte wiederum die Entwidmung, was das Eisenbahnbundesamt am 28. Juni 2007 bewilligte. Das Landesverkehrsministerium erteilte aber am 14. August 2008 der Rhein-Sieg-Eisenbahn (RSE) für die Strecke von Osberghausen nach Waldbröl eine Betriebsgenehmigung bis zum 1. Januar 2056. Die Gemeinde Morsbach klagte erneut gegen Denkmalschutz und Betriebsgenehmigung und verlor. Das Verwaltungsgericht Köln kassierte am 4. September 2009 die Entwidmung der Strecke wieder ein. Kurz danach erreichte erstmals, seit der Betriebseinstellung, wieder ein Schienenfahrzeug den Morsbacher Bahnhof.

Bahnsteig und Betonfundament

Im Sommer 2012 bot die Wissertalbahn ein zweigeteiltes Bild. Der Abschnitt, der einst von Morsbach nach Wissen führte, ist völlig zugewachsen oder von einem Fußweg überbaut. Komplett erhalten ist dagegen der Schienenstrang auf dem Abschnitt Hermesdorf–Morsbach, wo der Förderkreis gemeinsam mit der RSE die Strecke komplett frei geschnitten hat. Das Empfangsgebäude am Bahnhof Hermesdorf ist mittlerweile ebenso in Privatbesitz wie das in Morsbach. An den Haltepunkt Kömpel erinnern nur noch der Bahnsteig und das Betonfundament für das Wartehäuschen. Die Rhein-Sieg-Eisenbahn will hier künftig gemeinsam mit dem Förderkreis Wiehltalbahn wieder Tourismuszüge rollen lassen. Die Reaktivierung eines Güter- und Personenverkehrs ist ebenfalls geplant.

DAS SCHAUKELN DER SCHIENENBUSSE

DER „CRONENBERGER SAMBA“ VON WUPPERTAL-ELBERFELD NACH WUPPERTAL-CRONENBERG

Eröffnet: 1. April 1891
Stillgelegt: 27. Mai 1989
Streckenlänge: 11 km
Stationen: Elberfeld, Steinbeck, Hindenburgstraße (Haltepunkt), Boltenberg, Waldesruh (Behelfs-Haltepunkt), Burgholz (Haltepunkt), Küllenhahn, Neuenhof (Haltepunkt), Cronenfeld (Haltepunkt), Cronenberg
Jetzige Nutzung: Rad- und Wanderweg, Gewerbe
Reaktivierung: theoretisch möglich, Trasse noch vorhanden

Namensgeber der Sambatrasse: Schienenbus VT 95 795 ist im Jahre 1978 zwischen den Haltepunkten Hindenburgstraße und Boltenberg unterwegs.

Eine echte Wald- und Wiesenbahn: Eine V 36 schiebt Beiwagen VS 145 064 am 18. Mai 1950 als Kurzpersonenzug auf die Wuppertaler Höhen in Richtung Cronenberg.

Der Schienenbus schaukelt nicht mehr und steht seit November 2008 auf dem Betriebsparkplatz der Cronenberger Werkzeugfirma Knipex. Links daneben wird nicht mehr Samba „getanzt", sondern mit dem Rad gefahren oder gewandert.

Im November 2012 ist der einstmals prächtige Bahnhof Küllenhahn offenbar dem Verfall preisgegeben.

Der „Samba“ zwischen Wuppertal-Cronenberg und Elberfeld hatte nichts mit Karneval in Rio zu tun. Vielmehr sorgten die Schienenbusse ab den 1950er-Jahren mit ihrem langen Achsenabstand für schaukeliges Fahren im gefühlten Sambatakt. Wie so viele Eisenbahnstrecken war die Sambatrasse für einen besseren Transport der Güterwaren gebaut worden. Dieser Erwartung wurde die auch Burgholz-Bahn genannte Strecke mehr als gerecht. Doch spätestens in den 1980er-Jahren geriet der „Tanzzug“ immer mehr aus dem Takt und in die roten Zahlen.

Sicheln und Sensen

Der 13. Juli 1827 war ein stolzer Tag für die Gemeinde Cronenberg. An diesem Tag wurde der waldreiche Ort vom preußischen König in den Stand der Städte erhoben.

Die später im Jahre 1929 zu Wuppertal eingemeindete Ortschaft verfügte aber nicht nur über Wald, Wiesen und Flur, sondern auch über ein florierendes Eisengewerbe, das hauptsächlich Sicheln und Sensen produzierte. Typische Cronenberger Eisenerzeugnisse waren Mitte des 19. Jahrhunderts zudem Sägen, Schlösser und Klingen.

Um die Betriebe am Laufen zu halten, war natürlich Energie nötig. Zur damaligen Zeit war das eben Kohle, die in der eisenbahnlosen Zeit mühsam und teuer mit Pferdefuhrwerken transportiert wurde. Eine erste Chance, an die Eisenbahn angeschlossen zu werden, ergab sich für Cronenberg und Umgebung im Jahre 1833. Der Solinger Landrat

Georg von Hauer plante eine Eisenbahnlinie, die durch das untere Wuppertal von Elberfeld nach Köln fahren sollte und als Teilprojekt der Rhein-Weser-Bahn gedacht war. Für Cronenberg war für diese geplante Niederwupperbahn eine Station bei der etwas abseits gelegenen Kohlfurther Brücke im Ortsteil Kohlfurth vorgesehen. Der Bedarf wäre vorhanden gewesen, doch im September 1837 erhielt das Projekt einer Verbindung von Elberfeld nach Düsseldorf den Zuschlag.

Cronenberg blieb also zunächst schienenlos, die örtlichen Politiker gaben sich jedoch nicht geschlagen. Zumal für die Linie Düsseldorf–Elberfeld im Jahre 1841 der Bahnhof Elberfeld fertiggestellt war, der nur zehn Kilometer von Cronenberg entfernt lag.

Reinfall mit der Rheinischen

Nachdem sich die Verhandlungen mit der Bergisch-Märkischen Eisenbahngesellschaft zerschlugen, eine Linie von Cronenberg nach Rondorf zu bauen, wandten sich die Cronenberger im Jahre 1873 an die Rheinische Eisenbahngesellschaft. Die zuvor nur im linksrheinischen Gebiet tätige Gesellschaft wollte unter dem Präsidenten Gustav von Mevissen mit ihren Schienen auch den Bergischen und Märkischen Kreis erobern.

Ergebnis dieser Expansion war 1879 die Rheinische Strecke[57], die von Düsseldorf über Wuppertal nach Dortmund führte. Die Hoffnungen der Cronenberger, sich mit einem eigenen Bahnhof an die Strecke anzuschließen, blieben aber unerfüllt.

Die zunehmende Verstaatlichung der privaten Eisenbahngesellschaften in Preußen spielte den Cronenbergern aber langfristig in die Hände. Jetzt zählte beim Eisenbahnbau statt des Gewinnstrebens auch das Gemeinwohl.

Dennoch dauerte es bis zum Jahre 1886, ehe das Berliner Abgeordnetenhaus für die projektierte Streckenführung von Elberfeld nach Cronenberg einen Betrag von 890.000 Mark bewilligte. Nach den vielen Jahren des Wartens feierte die Bevölkerung das Ereignis entsprechend enthusiastisch. Es gab das übliche Festessen und den Fackelzug, die Bürger hatten den Ort feierlich mit Girlanden geschmückt.

„Eine Perle des Bergischen Landes"

Das Berliner Abgeordnetenhaus musste wegen verschiedener Änderungen zähneknirschend noch einmal zusätzlich 350.000 Mark bewilligen. Im Februar des Jahres 1889 begann der Eisenbahnbau. Wegen des kalten Winters verzögerte sich die für den 1. Februar 1891 geplante Eröffnung, zumal die nötigen Gleisumbauten am Bahnhof Steinbeck noch in Arbeit waren.

Zwei Monate später wurde aber wieder gefeiert. Wie die „Cronenberger Zeitung" damals berichtete, strömten am 1. April 1891 „Groß und Klein, Jung und Alt" zum Bahnhof Cronenberg. Der 16 Wagen zählende Festzug wurde von Musikkappellen begleitet und schnaufte in Richtung Elberfeld auf die Stammstrecke der mittlerweile verstaatlichten Bergisch-Märkischen Eisenbahngesellschaft. Dann erwartete eine riesige Menschenmenge die als neue „Perle des Bergischen Landes" bezeichnete Eisenbahn wieder in Cronenberg.

Zunächst hieß die Strecke Burgholzbahn, weil das Gleis hauptsächlich durch den Staatsforst Burgholz führte, und das auf ziemlich steilem Weg. Wegen der maximalen Neigung von 25 Promille kaufte die Eisenbahndirektion Elberfeld bei einem Bergbahnspezialisten in München extra zwei Dampfloks vom Typ T 9, die sich auf steilen Strecken bewährt hatten. Zudem gab es entsprechende Sicherheitsvorkehrungen, sollten bei einem abwärts fahrenden Zug mal die Bremsen versagen.

Schiene schlägt Schiene

So groß damals gefeiert wurde, so riesig war das Interesse an der neuen Burgholzbahn. Ein einziger Güterzug ersetzte damals immerhin rund 100 Fuhrwerke.

Am Bahnhof Küllenhahn wurden zahlreiche Güter verladen und das städtische Gaswerk besaß einen eigenen Gleisanschluss. In den nächsten Betriebsjahren entstanden weitere Firmenanschlüsse wie beispielsweise die Werkzeugfabrik Wille, die Cronenberger Steinindustrie GmbH oder die Stahlschmidt-Werkzeug-Compagnie.

Allein der Ausflugsverkehr in die waldreichen Cronenberger Gebiete sorgte für hohe Fahrgastzahlen. Auch bei winterharten Straßen bewährte sich die Eisenbahn in der Bevölkerung. Schnell wurde das Fahrangebot ausgeweitet. Wegen der vielen Wochenendausflügler setzte die Eisenbahndirektion Elberfeld bereits im ersten Betriebsjahr zahlreiche Personensonderzüge ein.

Die Fahrgastzahlen und der Güterverkehr stiegen bis zum Jahre 1900. Dann war es mit dem Wachstum vorbei. Ein neuer Konkurrent tauchte auf: Die am 12. August 1900 eröffnete Straßenbahnlinie von Elberfeld über Cronenberg nach Remscheid lockte mit einem dichten Fahrplan und günstigen Preisen. Jetzt ging es bei der Burgholzbahn mit den Fahrgastzahlen wieder bergab.

Doch auch die Eisenbahn hatte etwas zu bieten: Mit dem Haltepunkt Boltenberg wurde 1912 eine neue Attraktion geschaffen, von der aus die Fahrgäste den Zoo und das Fußballstadion erreichten. In Boltenberg lud ab den 1950er-Jahren außerdem eine idyllische Gastwirtschaft zum Verweilen ein. Zuvor war bereits 1905 der Haltepunkt „Im Burgholz" eingerichtet worden – hier lockte der gleichnamige Staatsforst die Erholungsuchenden.

Das letzte Aufschaukeln vor dem Aus

Im Gegensatz zu vielen anderen Strecken stand der Fahrbetrieb nach Ende des Zweiten Weltkrieges nur kurzzeitig still. Bereits im August 1945 verkehrten für den Personenverkehr wieder zwei Zugpaare, das allerdings unverändert bis zum Sommerfahrplan 1950.

Die Deutsche Bundesbahn setzte ab Mai 1950 die bewährten Wendezüge ein, die von einer Wehrmachtslok vom Typ V 36 gezogen wurden. Dadurch entfiel an den Endpunkten in Elberfeld und Cronenberg das zeitraubende Umsetzen der Lok. Auch der erst am 14. Mai 1950 geschaffene Haltepunkt Hindenburgstraße war rasch beliebt. Der Erfolg stellte sich umgehend ein: Die Bundesbahn bilanzierte im Jahre 1951 für die jetzt 18 Zugpaare immerhin 51.000 verkaufte Fahrkarten.

Und dann fuhren ab Sommerfahrplan 1955 auch die „Retter der Nebenbahnen". Die Schienenbusse der Baureihe VT 95 prägten nun mit ihrer schaukeligen und ruckeligen Fahrt die Legende vom „Samba".

Doch es war das letzte Aufschaukeln vor dem Aus. In den 1960er-Jahren schaukelten die Schienenbusse dem Ende entgegen. Die Fahrt mit den „Roten Brummern" war in der Ära der wachsenden Individualmotorisierung immer unattraktiver. Deshalb ersetzte die Bundesbahndirektion Wuppertal ab dem Winterfahrplan 1980/81 die zunehmend unrentablen Schienenbusse durch Akku-Triebwagen der Baureihe 515. Und die Bahndirektion plante parallel, die unwirtschaftlichen Nebenbahnstrecken auf Busse zu verlagern.[58] Die jetzt zuständige Bundesbahndirektion Köln schlug deshalb 1982 dem damaligen NRW-Verkehrsminister Reimut Jochimsen vor, die Strecke dauerhaft einzustellen.

Die „treue kleine Bahn"

Der „Samba" besaß jedoch immer noch viele Fans. Als die Bahn im Mai 1984 das Stilllegungsverfahren einleitete, gründete sich bereits einen Monat später die Bürgerinitiative „Rettet den Samba". Rund 16.000 Wuppertaler protestierten mit ihrer Unterschrift gegen die Stilllegungspläne. Unter dem Motto „Alle fahren Samba" fanden auf dem Bahnhofsvorplatz in Cronenberg sogar zwei Samba-Feste statt. Das Wuppertaler Original Paul Decker präsentierte mit seiner Mundartband „Striekspön" den Song „Das ist der Cronenberger Samba" („Wir wollen dich nicht missen, du kleine treue Bahn, das ist der ‚Cronenberger Samba', und der kommt immer pünktlich an."), der auf dem Country-Klassiker „Orange Blossom Special" basierte. Wuppertaler Künstler präsentierten zudem ihre gemalten Streckenmotive im Kulturzentrum Borner Straße.[59] Doch offensichtlich liebten zu wenige Menschen den Samba. Die Bundesbahn zog ihre Pläne knallhart durch, zumal die Strecke zunehmend verwahrloste. Mit der Genehmigung der Stilllegung durch das Bundesverkehrsministerium hatte der schon ein Jahr zuvor wegen eines unterspülten Bahndamms lahmgelegte „Cronenberger Samba" am 27. Mai 1989 unwiderruflich ausgetanzt.

Weder Museumsbahn noch Mülltransport

Zwar gab es bereits vor der Stilllegung einige Reaktivierungsversuche des Cronenberger Heimat- und Bürgervereins und des Lobby-Verbandes „Pro Bahn", doch weder eine Museumsbahn noch ein Mülltransport auf Schienen konnten realisiert werden. Die

Strecke wucherte in den nächsten Jahren wild vor sich hin. Immerhin wurde der 1891 erbaute Bahnhof Cronenberg im Jahre 1992 unter Denkmalschutz gestellt. Fünf Jahre später vernichtete die Deutsche Bahn AG jedoch alle Reaktivierungshoffnungen, in dem sie die Schienen fast restlos abbaute. Was aber sollte nun mit der Strecke geschehen? Ende der 1980er-Jahre existierte bereits die Idee, die Trasse in einen Rad- und Fußweg umzugestalten. Dieser Gedanke wurde im Rahmen der Regionale 2006 umgesetzt. Die offizielle Einweihung fand am 27. Oktober 2007 mit einem Fest am Bahnhof Cronenberg statt. Seit dem 13. November 2008 erinnert zudem ein restaurierter Schienenbus des Typs VT 95 auf dem Betriebsparkplatz einer Cronenberger Werkzeugfirma an das einstige „Schaukeln der Schienenbusse".

Eisenbahnfreunde, die im Herbst 2012 von Cronenberg nach Küllenhahn wanderten, dürften dennoch ein paar Tränchen verdrückt haben. Der Bahnhof Cronenberg ist mittlerweile von einem hässlichen Zaun umgeben. Der Bahnhof Küllenhahn, der einst über eine 36 Meter lange Wandelhalle mit Gaststätte verfügte, ist dem Verfall preisgegeben. Und nur noch die Hinweistafeln an der Trasse erinnern daran, dass an der Cronenberger Hauptstraße einst der Schrankenwärter Hermann Ordegel bis in die 1960er-Jahre treu seinen Dienst verrichtete.

EIN SCHIENENWEG MACHT SCHLAGZEILEN

DIE WIEHLTALBAHN ZWISCHEN OSBERGHAUSEN UND WALDBRÖL

Eröffnet: 21. April 1897 (Abschnitt zwischen Osberghausen und Wiehl)
Stillgelegt: 24. Dezember 1997
Streckenlänge: rund 24 km
Stationen: Osberghausen, Weiershagen (Haltepunkt), Bielstein, Alperbrück, Wiehl, Oberwiehl, Remperg (Haltepunkt), Brüchermühle, Denklingen, Hermesdorf, Waldbröl
Direkte Anschlüsse zu anderen bergischen Nebenstrecken: Hütter Bahn, Kleinbahn Bielstein–Waldbröl, Aggertalbahn, Wissertalbahn
Jetzige Nutzung: Museumsbetrieb und gelegentlicher Güterverkehr
Reaktivierung: Geplant ist ein regelmäßiger Personen- und Güterverkehr.

Noch ist die Schotterverladeanlage in Alperbrück in Betrieb, als hier in den 1950er-Jahren Viehwagen abgestellt werden.

Auf dem Weg nach Waldbröl ist ein Personenzug, der im Sommer 1964 im Bahnhof Wiehl ankommt.

Nicht mehr in Betrieb ist die Schotterverladeanlage in Alperbrück im Dezember 2012.

Die Wiehltalbahn bewährt sich wieder: Nach dem Orkan „Kyrill" transportierten im Januar 2007 mehrere Waggons dreimal wöchentlich Sturmholz nach Süddeutschland.

Die Wiehltalbahn ist eine Ausnahme im Eisenbahnnetz des Bergischen Landes. Wie die meisten Strecken traf auch diese Trasse der Schlussakt der Stilllegung. Während andere Geisterstrecken anschließend von der Natur zurückerobert wurden, eroberten engagierte Eisenbahnfreunde die Wiehltalbahn zurück – und das gegen alle Widerstände aus Politik und Wirtschaft. Die Auseinandersetzungen zwischen Bahnfreunden und Bahngegnern mutierten mitunter zu einem Possenspiel, das über die bergischen Grenzen hinaus Beachtung fand.

Die Steine des Anstoßes

Eisenerze, Grauwacke und die Achsenproduktion prägten seit Jahrhunderten die wirtschaftliche Entwicklung im Wiehltal. Während es mit dem Bergbau bereits Ende des 19. Jahrhunderts stetig bergab ging, blühte die Steinbruchindustrie förmlich auf. Das erste Steinbruchunternehmen siedelte sich 1878 in Alperbrück an. Absatzmärkte für die Grauwacke waren damals unter anderem Köln, Solingen und Wuppertal. Bereits 1880 waren in den Wiehltaler Steinbrüchen rund 200 Mitarbeiter beschäftigt. Doch nur ein kleiner Teil der abgebauten Steine konnte exportiert werden, denn es fehlten vernünftige Verkehrswege. Die nächste Eisenbahnverbindung befand sich in Waldbröl, wo die Steine mühsam auf die schmalspurige Bröltalbahn verladen wurden. Noch während der Bergbau boomte, legte ein Wiehltaler Eisenbahn Komitee im Jahre 1869 eine Denkschrift über eine Eisenbahn vor, die aus dem Biggetal in das Wiehltal nach Deutz führen sollte. Geplant waren als Stationen unter anderem Rothemühle, Wildbergerhütte und Wiehl. Die als Bauherr in Frage kommende Bergisch-Märkische Eisenbahngesellschaft zeigte sich jedoch an dem Projekt wenig interessiert.

Die Chancen für einen Bahnbau erhöhten sich, als die Bergisch-Märkische Eisenbahn im Januar 1882 verstaatlicht wurde. Der Staat Preußen befürwortete wegen der wirtschaftlichen Förderung den Ausbau des bisher eher dürftigen Eisenbahnnetzes. Albert von Maybach, Minister für öffentliche Arbeiten, war zudem als Eisenbahnexperte im Jahre 1882 als Vertreter des Kreises Gummersbach-Waldbröl ins Berliner Angeordnetenhaus gewählt worden.

Maybach befürwortete den Eisenbahnbau nach Wiehl und genehmigte im November 1891 erste Vorarbeiten. Der geeignete Anschlusspunkt fand sich im Örtchen Osberghausen, das auf der Aggertalbahn zwischen Engelskirchen und Dieringhausen liegt. Weil die florierende Steinbruchindustrie einen gewinnbringenden Güterverkehr versprach, gab die Eisenbahndirektion Elberfeld schließlich grünes Licht. Bis auf die üblichen Streitereien um Grunderwerbskosten oder um die Lage der Bahnhöfe gingen die Arbeiten störungsfrei voran. Zur feierlichen Eröffnung am 21. April 1897 reiste sogar der Minister für öffentliche Arbeiten Karl Thielen mit einem Sonderzug an.

Eine Fahrt im Festkleid

Der neue Bahnhof Osberghausen wurde mit einem opulenten Frühstück feierlich eröffnet. Dazu gab es auch eine Sonderfahrt, um die Steinbrüche in Alperbrück zu besichtigen. „Wiehl hatte ein Festkleid angelegt, wie wir es selten sehen", schwärmte der „Kölner Stadt-Anzeiger" am 23. April 1897. Neben der fünfstündigen Feier mit sage und schreibe 20 Festreden organisierte die Bevölkerung noch einen Fackelzug mit anschließendem Feuerwerk.

Die allgemeine Euphorie fand zunächst Bestätigung. Die Steinbrüche im unteren Wiehltal griffen gerne auf die Eisenbahn zurück. Im ersten Jahr wurden bereits 53.000 Tonnen Pflastersteine auf die Güterwagen verladen. Um den Transport für die Steinbrüche, die ab Ende des 19. Jahrhunderts auch den Schotter für die Schienen produzierten, effizienter zu gestalten, entstand im Dreieck Wiehl, Alpetal und Alperbruck ein umfangreiches Feldbahnnetz. Die Verantwortlichen überlegten sich bereits Verlängerungen. Vier mögliche Streckenführungen standen zur Auswahl, von denen am Ende zwei übrig blieben. Die Preußische Staatseisenbahn baute zunächst die Wiehltalbahn über Denklingen und Morsbach bis nach Waldbröl weiter, was am 15. Dezember 1906 erledigt war.

Rund zwei Jahre später folgte am 30. September 1908 auch der Lückenschluss über Hermesdorf zur Wissertalbahn[60] nach Morsbach und am 31. Oktober 1910 dann in Brüchermühle der Abzweig für die Hütter Bahn[61]. Am Bahnhof Waldbröl zweigte ab 16. Oktober 1915 die Kleinbahn Bielstein–Waldbröl[62] ab.

Damit war Waldbröl jetzt ein Verkehrsknoten, der im Jahre 1911 erweitert wurde. Der ebenfalls stark frequentierte Bahnhof Brüchermühle erhielt zusätzliche Gleise und eine Lokstation. Gegen Ende des Zweiten Weltkrieges kam der Bahnbetrieb zum Erliegen. Die Alliierten hatten zudem die Brücken bei Boxberg, Denklingen, Alperbrück und Bielstein gesprengt.

Wiehl versus Wuppertal

Die Wiehltalbahn entwickelte sich anschließend zum Zankapfel. Die Reichsbahndirektion Wuppertal stufte die Trasse zwar nach Kriegsende als wichtige Nebenbahn ein, überlegte allerdings auch, die Strecke ganz abzubauen. Die Proteste aus Wiehl und Gummersbach waren aber erfolgreich und die Schäden so schnell beseitigt, dass im April 1946 die Züge wieder durchgehend durchs Wiehltal rollten.

Das Comeback mit einem rasch wachsenden Personenverkehr hielt aber nicht lange an. Mit den Steinbruchbetrieben ging es wegen der nachlassenden Nachfrage spätestens ab den 1950er-Jahren wirtschaftlich auf Talfahrt; die letzte Steinbruchanlage machte 1965 in Alperbrück dicht. Die Rationalisierungsmaßnahmen der Bundesbahn betrafen nun auch die Wiehltalbahn. Die Bahndirektion Wuppertal richtete 1952 im Wiehltal die erste Bahnbuslinie ein. Ungünstige Anschlusszüge erschwerten die Situation für die Fahrgäste wie beispielsweise 1955 in Osberghausen. An diesem Bahnhof warteten die Fahrgäste aus Köln mitunter fünf Stunden auf den nächsten Anschlusszug nach Waldbröl.

Die Bahndirektion verwandelte in den kommenden Jahren Bahnhöfe wie Alperbrück, Denklingen und Oberwiehl in unbesetzte Haltepunkte. Trotz dieses „Streichkonzerts“ wuchs das Defizit der Strecke im Jahre 1958 auf 690.000 DM an. Immer weniger Personenzüge verkehrten auf der Strecke und immer weniger Menschen kauften in den Bahnhöfen eine Fahrkarte. Die Bundesbahn schickte am 25. September des Jahres 1965 zwischen Osberghausen und Waldbröl den letzten Personenzug auf die Reise. Um den verbleibenden Güterverkehr besser abzuwickeln, führte die Bahn ab November 1965 den vereinfachten Nebenbahnbetrieb ein. Die teils parallel verlaufene Autobahn A 4 nach Olpe sorgte für weiteren Schwund auf der Strecke. Nach vielen Höhen und Tiefen fuhr am 5. Oktober 1994 auch der letzte Güterzug, drei Jahre später war die Strecke offiziell stillgelegt.

Der Zugverkehr als „Zukunftsmusik“

Der Strecke hätte wohl ein ähnliches Schicksal geblüht wie beispielsweise der Sülztalbahn[63], der Hütter Bahn oder der Wippertalbahn.[64] Bevor die Bahn jedoch die Schienen demontieren konnte, gründete sich 1994 der Förderkreis zur Rettung der Wiehltalbahn, um die Strecke zu reaktivieren. Es folgten Gerichtsprozesse und ein Nervenkrieg mit den Kommunen, die den Schienenstrang für Gewerbe und Straßenbau nutzen wollten.

Zunächst aber standen die Signale erneut auf Grün. Im November 1998 unterzeichnete der Förderkreis einen Pachtvertrag mit der Deutschen Bahn AG, um bald wieder die ersten Züge fahren zu lassen[65]. Kooperationspartner für den Förderkreis war ab sofort die Rhein-Sieg-Eisenbahn (RSE).

Die Entwicklung verlief vielversprechend, als nach fünf Jahren offizieller Pause am 5. Dezember 1999 wieder ein Triebwagen der Rhein-Sieg-Eisenbahn auf der Strecke fuhr. Es folgten anschließend mehrere Sonderfahrten und als vorläufiger Höhepunkt in Wiehl im Juni 2000 ein gut besuchtes Bahnhofsfest.

Doch zugleich formierte sich die Gegnerschaft. Die CDU Oberberg wollte lieber in den Ausbau der Straßen investieren und sah in einem regelmäßigen Zugverkehr allenfalls „Zukunftsmusik".[66] Ein weiterer Tiefschlag folgte, als der oberbergische Kreisausschuss ein Betriebskonzept des Förderkreises und der RSE, mit Landesmitteln zwischen Wiehl und Waldbröl einen Pendelbetrieb einzurichten, ablehnte. Die Bezirksregierung Köln stellte dafür die Wiehltalbahn wegen ihrer künstlerischen, wissenschaftlichen und regionalen Bedeutung im April des Jahres 2003 unter Denkmalschutz.

Wittkes wirkende Worte

Doch die Stadt Wiehl wollte die Strecke kaufen, um sie zu entwidmen und zu demontieren. Der Geschäftsführer der Industrie- und Handelskammer (IHK) Gummersbach Rainer Lessenich, der sich öffentlich schon gegen die Reaktivierung anderer bergischer Strecken ausgesprochen hatte, unterstützte die Pläne. Die IHK habe die Anliegerkommunen bereits aufgefordert, Entwidmungsanträge zu stellen, so Lessenich. Die Strecken seien überflüssig und behinderten private und öffentliche Investitionen.[67] Der Rat der Stadt Wiehl stimmte dem Kauf der Wiehltalbahn-Trasse dann im Februar 2006 mehrheitlich zu.[68] Das gesamte Bahnhofsumfeld in Wiehl sollte neu gestaltet und zudem ein Kreisverkehr eingerichtet werden. Eine Eisenbahn hatte in diesen Plänen keinen Platz mehr. Ähnliches war in Morsbach mit der Wissertalbahn geplant. Dann wollte sich auch die Stadt Waldbröl am Kauf beteiligen, um auf ihrem Trassenteil einen Verkehrskreisel anzulegen. Den Betrag von rund 430.000 Euro pumpte sich die Stadt Waldbröl vom Landesbetrieb Straßen des Landes Nordrhein-Westfalen (NRW).[69]

Der damalige NRW-Verkehrsminister Oliver Wittke stoppte zudem schon bewilligte Gelder für den Ausbau der oberbergischen Strecken.[70] Als der Minister im September 2006 in Wiehl die neuen Kreisel am Ohlerhammer und am Wiehler Bahnhof einweihte, bezeichnete er die Wiehltalbahn als „Museumsbahnstrecke", die hinderlich für die wirtschaftliche Entwicklung Wiehls sei.[71] Und die Junge Union titelte auf ihrer Homepage, dass „Spielzeugbahnen in den Keller gehören und nicht ins Wiehltal".[72]

Wittke lehnte es dann auch ab, für den erforderlichen Bahnübergang am Kreisel Gelder beizusteuern. Des Ministers Worte hinterließen Wirkung: Die Stadt Wiehl fühlte sich plötzlich ermuntert, nicht mehr mit dem Förderkreis zu verhandeln und die Eisenbahn in Wiehl vielmehr zu entfernen.

Das Aus der Strecke war praktisch beschlossen, als die Städte Waldbröl und Wiehl sowie die Gemeinde Morsbach und Reichshof die Trasse im Dezember 2006 für 1,1 Millionen Euro von der Deutschen Bahn AG erwarben.[73] Zugleich sollte dem Förderkreis der Pachtvertrag gekündigt werden. Später stellte sich heraus, dass die Stadt Waldbröl ihren Kreditanteil von 430.000 Euro ohne Genehmigung der Kommunalaufsicht bewilligt hatte. Während sich die Bahngegner und Bahnförderer gegenseitig mit Klagen überhäuften und sogar mit Drohanrufen bombardierten, bewährte sich die Wiehltalbahn im Januar 2007 nach dem Orkan „Kyrill". Der Güterverkehr des Privatbetreibers nahm rasant zu und dreimal wöchentlich transportierten mehrere Waggons mit Sturmholz aus dem Oberbergischen Land über Köln-Eifeltor nach Süddeutschland.

Sieg nach Nervenkrieg

Nachdem sogar das Wochenmagazin „Die Zeit" („Posse auf dem Nebengleis"), der ZDF-Länderspiegel („Hammer der Woche") und die TV-Serie „Eisenbahnromantik" über die Wiehltalbahn berichteten, siegten am Ende die Bahnfreunde auf ganzer Linie.

Das Düsseldorfer Innenministerium erteilte der Rhein-Sieg-Eisenbahn im August 2008 für die Wiehltalbahn eine Betriebserlaubnis über 50 Jahre.[74] Kurz darauf folgte die Betriebsgenehmigung für weitere 50 Jahre zwischen dem Abschnitt Hermesdorf und Morsbach. Das Verwaltungsgericht Köln bestätigte im November 2008 die Klage der Rhein-Sieg-Eisenbahn gegen die Entwidmung der Wiehltalbahn durch die Bezirksregierung in allen Punkten.[75] Seitdem haben Förderkreis und Kommunen offenbar Frieden miteinander geschlossen.

Der Förderkreis will nun mit der RSE neben dem Tourismusverkehr auch den Güter- und Personenverkehr dauerhaft reaktivieren.[76] Geplant ist „die komplette Reaktivierung der Strecke Morsbach/Waldbröl–Wiehl–Dieringhausen–Gummersbach als Rückgrat eines modernen Nahverkehrs aus Bahn, Linienbus, Bürgerbus und Anrufsammeltaxi".[77]

Durch die Arbeit des Förderkreises ist die gesamte Trasse gegenwärtig in einem insgesamt sehr guten Zustand. Allerdings sind die Bahnhöfe entlang der Strecke entweder in Privatbesitz oder dienen als Gaststätte. Kurios ist das Schicksal des Bahnhofes Bielstein: Das Empfangsgebäude wurde bereits 1978 wegen eines Straßenbaus zerlegt. Ursprünglich sollte das Gebäude an einer anderen Stelle wieder aufgebaut werden. Der zerlegte Bahnhof ist jedoch seitdem verschollen.

DIE ÄRA DES „ALLI"

DIE HÜTTER BAHN VON BRÜCHERMÜHLE NACH WILDBERGERHÜTTE

Eröffnet: 31. Oktober 1910
Stillgelegt: 29. Mai 1960
Streckenlänge: rund 10 km
Stationen: Brüchermühle, Ufersmühle (Haltepunkt), Auchel, Niederodenspiel (Haltepunkt), Wildbergerhütte
Direkte Anschlüsse zu anderen bergischen Nebenstrecken: Wiehltalbahn
Jetzige Nutzung: Gewerbe, Talsperre, Waldweg
Reaktivierung: ausgeschlossen

Ersehnter Abzweig: Am Bahnhof Brüchermühle führte das Gleis links unten noch 1950 auf die Hütter Bahn nach Wildbergerhütte.

Als die Bergischen noch bei der Bahn ihr Brot verdienten: Der längst versunkene Bahnhof Auchel im Jahre 1925.

Der Bahnhof Brüchermühle existiert noch, die Abzweigung nach Wildbergerhütte ist aber schon lange verschwunden.

Rares Relikt: Der Kilometerstein auf der Trasse in der Nähe von Nespen gehört zu den wenigen „Überlebenden" der nahezu restlos demontierten Hütter Bahn.

Der Kosename klang liebevoll, doch die Beziehung zum „Hütter Bähnchen" hielt im Bergischen Land nicht mal bis zur Goldenen Hochzeit. Die Strecke wurde viel zu spät gebaut, um sich wirtschaftlich zu etablieren. Die Liebe zur Eisenbahn kühlte schnell ab und die Scheidung vollzog sich praktisch über Nacht. Heute zählt die Hütter Bahn zu den Strecken im Bergischen Land, deren Spuren vom Zahn der Zeit förmlich zernagt wurden.

Kohlen für die Kessel

Das rund 2.000 Einwohner zählende Dorf Brüchermühle zählt heute zu den rund 100 Ortschaften der Gemeinde Reichshof im Oberbergischen Kreis. Brüchermühle hätte verkehrstechnisch fast einmal das Tor zum Ruhrgebiet geöffnet. Ursprünglich sollte Anfang des 20. Jahrhunderts von hier aus die Bahnverbindung von Köln nach Kassel über Rothemühle an die Rhein-Sieg-Bahn hergestellt werden. Die Linie war jedoch nur eines von vielen Denkmodellen, um die geplante Hauptbahn Köln–Kassel zu realisieren. Dieser Zug war für Brüchermühle schnell abgefahren.

Die Erz- und Grauwackengrubenbesitzer rund um Wildberghütte warteten ebenfalls auf eine Bahnverbindung. Eine erste Chance ergab sich ab 1897 mit den Plänen, die Wiehltalbahn[78] über Wiehl hinaus zu führen. Politiker in Eckenhagen, das heute ebenfalls zu Reichshof gehört, versuchten parallel vergeblich einen Anschluss an die Biggebahn zu erreichen. Die Menschen im oberen Wiehltal wurden allmählich panisch, weil die Hoffnung auf bessere Lebensverhältnisse zunehmend schwand. Die Gruben in den Orten Heidberg und Wildberg sowie die Hütte in Wildbergerhütte litten schon länger unter den schlechten Verkehrsverhältnissen; es drohte eine Landflucht der Bevölkerung. Die Kommunen und Unternehmer versuchten diese verhängnisvolle Entwicklung zu verhindern. Die Verantwortlichen wandten sich deshalb an die Eisenbahndirektion in Elberfeld und verwiesen unter anderem auf die Notlage der Grube Wildberg. Hier arbeiteten Anfang des 20. Jahrhunderts noch rund 400 Menschen. Der Transport der Waren zum sauerländischen Bahnhof Rothemühle war jedoch teuer und mühsam.

Der erste „Alli“

Nach mehreren vergeblichen Anläufen bewilligte der Staat Preußen im Juni des Jahres 1906 den Bahnbau für das obere Wiehltal. Vier Jahre später war es soweit: Nach dem Eröffnungsfest am 31. Oktober 1910 fauchte einen Tag später der erste Zug, den der Volksmund „Alli“ taufte, das erste Mal ins obere Wiehltal nach „d'r Hütte“. Doch die Bahn konnte die Grube Wildberg nicht mehr retten. Obwohl mit dem Bau der Strecke die Transportprobleme beseitigt waren, machte die Grube dicht und wurde ein Jahr später zwangsversteigert. Der Personverkehr spielte für die Eisenbahndirektion Elberfeld keine große Rolle, weil die Gegend zu dünn besiedelt war. Die Bahn richtete nur den Bahnhof Auchel als Zwischenstation ein. Die Gemeinde Eckenhagen musste zwischen Brüchermühle und Wildbergerhütte die Haltepunkte Ufersmühle und Niederodenspiel selbst errichten. Viel Komfort erwartete die Fahrgäste außer einem Wartehäuschen dort nicht. Und in Brüchermühle war der Warteraum im Winter nicht geheizt. Die zunächst fünf Personenzüge wurden ab 1935 auf sechs erhöht. Pro Tag verkehrte zudem ein Güterzugpaar für die beiden Anschlüsse zu den Steinbrüchen, später wurden auch Güterzüge mit Personenbeförderung in den Fahrplan integriert.

Die Hütter Bahn war jedoch von Anfang ein Problemkind. Die Anschlüsse zur Wiehltalbahn in Richtung Wiehl und Waldbröl waren mangelhaft. So warteten Schüler morgens zwei Stunden lang in Brüchermühle auf den Anschlusszug nach Waldbröl. Zudem war es damals für Teile der oberbergischen Bevölkerung offenbar ein Volkssport, während der Zugfahrten zu randalieren. Im Frühjahr 1922 demolierten Arbeiter die Abteile und misshandelten das Zugpersonal so heftig, dass die Reichsbahndirektion Elberfeld bereits mit der Stilllegung drohte. Zudem wurden auf der Strecke an den Haltepunkten die Wartehäuschen zerstört und die Toiletten „besudelt“.

„Vor gänzlicher Verarmung bewahren"

Was dem „Hütter Bähnchen" aber langfristig das Genick brach, war die gescheiterte Verlängerung ins Sauerland. Zunächst verlief das Projekt vielversprechend. Bereits kurz nach Eröffnung der Hütter Bahn befürwortete die Eisenbahndirektion einen Ausbau der Strecke. Angedacht war eine Verlängerung an die sauerländischen Orte Rothemühle oder Gerlingen, um dort Anschluss an die Linie Olpe–Kirchen zu bekommen. Im Jahre 1913 begannen sogar die ersten Vorarbeiten für einen Anschluss nach Rothemühle, doch der Ausbruch des Ersten Weltkrieges verhinderte ein Jahr später wie so oft alle Ausbaupläne.

Noch gaben die Beteiligten nicht auf. Ein Anschluss ins Sauer- und Siegerland schien die Lösung aller Probleme zu sein. Zehn Jahre nach Kriegsende starteten die Vertreter der Kreises Waldbröl, Gummersbach und Olpe deshalb einen erneuten Anlauf. Die Abgeordneten betonten in einer Entschließung vom 30. März 1927, dass „dieser Bau noch wesentlich notwendiger sei, als vor dem Kriege, um die zu erschließenden Gemeinden vor gänzlicher Verarmung zu bewahren".[79] Die Beteiligten waren fest davon überzeugt, dass die bisher unwirtschaftliche Strecke dadurch rentabel würde. Und weil nur rund acht Kilometer zu bauen wären, stünden die Kosten in keinem Verhältnis zu den erwarteten fetten Erträgen, argumentierten die Befürworter.

Ein Jahr später beantragte der preußische Landtag beim Reichsverkehrsministerium den Bau der Strecke. Doch die errechneten Zahlen des Ministeriums raubten alle Illusionen: Rund fünf Millionen hätte der Streckenbau gekostet, was der Reichsbahn schlicht zu teuer war. Überhaupt war die Strecke der Bahn schnell zu kostspielig geworden. Die Reichsbahndirektion führte deshalb auf der Hütter Bahn bereits 1937 den vereinfachten Nebenbahndienst ein. In den Bahnhöfen in Auchel und Wildbergerhütte saßen nun keine Fahrdienstleiter mehr.

„Nicht lebensnotwendig"

Der Güterverkehr rollte immer spärlicher und auch die Personenzüge waren meist schlecht besetzt. Das Mauerblümchendasein führte dazu, dass die im Zweiten Weltkrieg beschädigte Strecke nach Kriegsende zunächst gar nicht mehr repariert werden sollte. Die Alliierten sahen die Strecke als „nicht lebensnotwendig" an. Die umliegenden Gemeinden nahmen die Sache selbst in die Hand. Die Bevölkerung wurde für die Instandsetzung zum Teil zwangsverpflichtet und am 1. Dezember 1948 rollten zwischen Brüchermühle und Wildbergerhütte wieder die Züge, teilweise fuhren die Loks sogar weiter bis nach Waldbröl.

Doch in den Köpfen der Bundesbahndirektion Wuppertal fuhr die Nebenbahn bereits aufs Abstellgleis. Die Strecke galt als Paradebeispiel für die vielen unrentablen Nebenstrecken der Bundesbahn. Dann ging alles ganz schnell: Die Zugpaare wurden ab dem Winterfahrplan 1951 reduziert, den Sonntagsverkehr stellte man ganz ein. Ein Jahr später konkurrierte mit der Bahn auch noch eine neu eingerichtete Bahnbuslinie. Die Stilllegung des Personenverkehrs war beschlossen.

Der letzte „Alli“

Es gab weder Trauerkränze noch Abschiedsworte, als am 3. Oktober 1953 pünktlich um 19.34 Uhr der letzte „Alli“ von Wildbergerhütte nach Brüchermühle startete. Was übrigblieb, war der Güterverkehr, der Kartoffeln, Stroh und Briketts transportierte. Dennoch ging die Demontage unvermittelt weiter. Im Jahre 1955 kam es zur Aufhebung des Express-, Eil- und Stückgutverkehrs. Weil der hierfür benötigte Bahnbeamte aus Wildbergerhütte abgezogen wurde, war die Strecke personell überhaupt nicht mehr besetzt.

Die Bundesbahndirektion schrieb im März 1958 an das Verkehrsamt Gummersbach, doch bei dieser Strecke „äußerst sparsam bei der Verwendung von Wirtschaftsmitteln zu verfahren“.[80] Das Bundesverkehrsministerium genehmigte am 9. Mai 1960 die Streckenstilllegung, was rund drei Wochen später in die Tat umgesetzt wurde. Die Gleisanlagen wurden unverzüglich demontiert, die meisten Brücken abgerissen und die Bahnhöfe verkauft. Für den Rest sorgte dann 1967 der Bau der Wiehltalsperre. Damit versanken 1971 der Bahnhof Auchel sowie die Haltestellen Ufersmühle und Niederodenspiel für immer in den Fluten.

Erhalten geblieben sind bis heute die Bahnhofsgebäude in Wildbergerhütte und Brüchermühle. Beide Stationen befinden sich in Privatbesitz, wobei in Brüchermühle noch ein Durchgangsgleis für die Wiehltalbahn liegt, der Abzweig nach Wildbergerhütte ist aber längst verschwunden. Wer Reste der Strecke erkennen will, muss schon genau hinschauen. Hinter dem einstigen Haltepunkt Niederodenspiel taucht die Trasse wieder aus dem Wasser auf, was aber nur Eingeweihten auffallen dürfte. Dann wird die Strecke kurz zu einem Waldweg, der nach einigen Unterbrechungen am ehemaligen Bahnhof Wildbergerhütte endet. Daneben erinnert nur noch die Bahnhofstraße an die Ära des „Alli“.

ALS DIE BEATLES IM BUDOKAN SPIELTEN

DIE KLEINBAHN VON BIELSTEIN NACH WALDBRÖL

Eröffnet: 15. Oktober 1915
Stillgelegt: 30. Juni 1966
Streckenlänge: rund 18 km
Stationen: Bielstein-Kleinbahnhof, Bielstein-Bachstraße (Haltepunkt), Mühlen an der Bech, Börnhausen, Nieder-Bellinghausen (Haltepunkt), Marienberghausen-Elsenroth, Gerhardsiefen (Haltepunkt), Homburger Papiermühle (Haltepunkt), Nümbrecht, Schloss Homburg-Holsteins Mühle (Haltepunkt), Kalkofen/Niederbierenbach, Unter der Hardt (Haltepunkt), Gaderoth (Haltepunkt), Winterborn, Bruch-Grötzenberg (Haltepunkt), Hammermühle-Malzhagen (Haltepunkt), Drinsahl, Happach (Haltepunkt), Waldbröl–Hollenbergschule (Haltepunkt), Kleinbahnhof Waldbröl
Direkte Anschlüsse zu anderen bergischen Nebenbahnstrecken: Wiehltalbahn, Wissertalbahn
Jetzige Nutzung: Gewerbe, Straße
Reaktivierung: ausgeschlossen

Es ist wie so oft nur eine Straße, die im Bergischen Land an den einstigen Schienenverkehr erinnert. In diesem Fall ist es kurz hinter dem Bahnhof Waldbröl die Bielsteiner-Bahn-Straße. Folgt der Wanderer dem Weg, dann trifft er am Gartenzaun ältere Bewohner, die sich noch an die Kleinbahn erinnern. In Waldbröl weist sonst nichts mehr auf die einstige „Wald- und Wiesenbahn“ hin, mit der Schüler, Arbeiter und Viehhändler einst vom Kleinbahnhof Waldbröl durchs Bröltal zuckelten. Die verhältnismäßig spät gebaute Kleinbahn Bielstein–Waldbröl hatte schon in den 1950er-Jahren gegen die wachsende Motorisierung keine Chancen mehr.

Charakteristisch für die Bielsteiner Kleinbahn war Triebwagen T 33.

Die letzte Lok macht das Licht aus: Vor der Abschiedsfahrt von Nümbrecht nach Bielstein am 30. Juni 1966 sammelt die Lok „Waldbröl" die letzten Güterwagen ein.

Keine Eisenbahn, sondern Straßenbusse halten jetzt vor dem ehemaligen Bahnhof Nümbrecht.

In der Nähe des Bahnhofes Waldbröl erinnert nur noch ein Straßenname an die einstige Kleinbahn nach Nümbrecht.

Auf schmalen Schienen

Die Volmetalbahn[81], die Wippertalbahn[82] und auch der Balkanexpress[83] waren bereits eröffnet, da wünschte sich auch das Bröltal eine Eisenbahn in Richtung Rheinland. Zwar existierte bereits seit 1860 eine Bröltalbahn, die war jedoch schmalspurig und wurde anfangs nur von Pferden gezogen. Die Papierfabriken in Homburg und Winterborn wollten aber einen effizienteren Transport für ihre Waren, als auf schmalen Schienen durchs Oberbergische Land zu rumpeln. Ein Gremium aus Nümbrecht, das sich bereits 1879 für den Bau einer normalspurigen Bröltaler Eisenbahn einsetzte, blieb jedoch erfolglos. Ein zweiter Vorstoß im Jahre 1896, sich an die im Bau befindliche Wiehltalbahn[84] anzuhängen, schien mehr Erfolg zu versprechen. Unter anderem war eine Verlängerung ins Bröltal angedacht, doch zum Zuge gelangte die Wissertalbahn[85] von Hermesdorf nach Morsbach. In den nächsten Jahren blieben weitere Bemühungen der ansässigen Industrie ebenfalls fruchtlos, ehe das Komitee Bielstein–Marienberghausen–Nümbrecht im Jahre 1907 wieder für das Schienenprojekt warb. Doch erst 1912, nach einem ewigen Hin und Her sowie Pro und Kontra, einigten sich die Eisenbahngesellschaft Becker & Co. aus Berlin und der Kreis Gummersbach als Bauherr auf eine rund 20 Kilometer lange Eisenbahn von Bielstein nach Waldbröl. Die Bahnbetreiber versprachen sich genügend Rentabilität von den ansässigen Sägewerken, Papierfabriken und Steinbrüchen.

Frust bei den Fahrgästen

Einwände gegen die Linienführung und technische Fehler bei der Bauausführung sorgten dafür, dass die Bahnlinie erst am 15. Oktober 1915 mitten im Ersten Weltkrieg eröffnet wurde. Der Volksmund nannte die Kleinbahn fortan „Homburger Bahn“ oder etwas übermütig „Rasender Homburger“. Sogar ein Ort namens Bahnhof-Nümbrecht wurde rund um den dortigen Bahnhof gegründet, der im März 1952 dann in Homburg-Bröl umbenannt wurde. Groß gefeiert hat die Bevölkerung das Ereignis nicht, weil der Bahnbetrieb hauptsächlich Güter befördern sollte. Der Fuhrpark fiel mit den beiden Dampflokomotiven „Waldbröl“ und „Bielstein“ sowie neun Güterwagen und vier gebrauchten Personenwagen entsprechend bescheiden aus. Charakteristisch an der Strecke waren zudem die kleinen Bahnhofsgebäude, die oft nicht größer als Toilettenhäuschen waren.

Die Fahrgastzahlen stiegen nach der Betriebseröffnung bis 1918 stetig an. Rund 81.000 Personen waren 1918 auf der Homburger Bahn unterwegs. Die Papierfabrik Heinrich Geldmacher hatte ihren eigenen Anschluss ebenso wie die Homburger Papiermühle. Ein weiterer Anschluss zum Sägewerk Noss befand sich am Haltepunkt „Mühlen an der Bech“. An den Laderampen verluden die Angestellten nicht nur Kohle, Ziegel und Futtermittel, sondern auch Lebendvieh wie Kühe und Schweine. Im Jahre

1924 entstand zudem an der Bahnlinie die Homburger Milchverwertungsgenossenschaft, die für die Milch- und Landwirtschaft enorme Bedeutung erlangte. Die vielen Verladungen und die dafür erforderlichen Rangierfahrten frustrierten die Fahrgäste aber immer wieder. Weil die Züge zumeist aus Personen- und Güterwagen bestanden, verspätete sich die Bahn sehr oft am Kleinbahnhof Waldbröl. Die Anschlusszüge nach Wiehl oder Morsbach waren dann schon abgefahren.

Der Kreis Gummersbach wollte den Fahrplan, der anfangs aus vier Zugpaaren bestand, ausweiten. Dieses Ansinnen lehnte die betreibende Eisenbahngesellschaft aber vehement ab und begründete dies mit einem zu geringen Lokbestand. Die Quittung folgte prompt: Schon ab dem Jahre 1918 sank die Zahl der beförderten Personen drastisch. Die Personenbeförderung erreichte 1923 mit rund 14.300 Fahrgästen den vorläufigen Tiefstand.

Große Pläne für eine kleine Bahn

Der Kreisausschuss beschloss deshalb 1935, die Personenbeförderung vom Güterverkehr völlig zu trennen. Zudem wurden für den Fahrgastbetrieb die Dampflokomotiven abgekoppelt und Triebwagen von der Westwaggon AG aus Köln-Deutz angeschafft. Die Triebwagen VT 31 mit Holzvergaser waren bereits erfolgreich in der französischen Armee eingesetzt worden und bewährten sich auch im Bröltal. Der Kreis Gummersbach sanierte zudem den Oberbau, um die Fahrgeschwindigkeit auf 40 Kilometer anzuheben. Die Neukonzeption schlug ein: Die Fahrgastzahlen zogen wieder an, neue Haltepunkte entstanden.

Nun reiften in den Köpfen der Betriebsleitung wieder größere Pläne. Weil der Bahnhof in Nümbrecht vom eigentlichen Ortskern rund drei Kilometer entfernt lag, sollte eine Stichbahn von diesem Bahnhof ins Nümbrechter Zentrum führen. Dadurch erhofften sich die Betreiber zusätzliche Fahrgäste, die am neuen Bahnhof Nümbrecht einfach und bequem einsteigen könnten und nicht mehr die Postkraftwagen benötigten. Um den Höhenunterschied von 100 Metern zu überwinden, sollte die Strecke sogar elektrifiziert werden. Der Kreis Gummersbach genehmigte im Herbst 1935 sogar Gelder für erste Vorarbeiten. Die Untersuchungen zeigten jedoch, dass der Bau dieser Stichbahn viel zu teuer und aufwendig gewesen wäre, sodass der Plan ein Jahr später für immer in den Aktenschränken verschwand.

Immerhin schafften die Betreiber der Kleinbahn einen zweiten Triebwagen vom Typ VT 32 an, der zumeist auch reibungslos funktionierte. Allerdings animierte das beschauliche Bähnchen die bergische Bevölkerung offenbar zum offenen Vandalismus. Immer wieder beklagten Fahrgäste an den Bahnhöfen verschmutzte Toiletten und Warteräume. Die Fenster in den Betriebsgebäuden wurden regelmäßig eingeschmissen und Steine auf die Gleise gelegt. Unbekannte Täter brachen im September 1943 sogar ein Weichenschloss auf, um die Weiche umzulegen. Prompt entgleiste ein Triebwagen, wobei die Fahrgäste das „Attentat“ unverletzt überstanden.

Volle Fahrt ins Minus

Dann sorgte der Zweite Weltkrieg für eine unfreiwillige Pause. Die Militärregierung genehmigte am 23. Juli 1945 die Reaktivierung der Strecke nach nur dreimonatiger Unterbrechung. Die Fahrgastzahlen stiegen sogar wieder an, weil ab 1949 die Züge auf die Bundesbahnstrecke von Osberghausen bis nach Gummersbach durchfuhren. Dafür schaffte man sogar eigens einen dritten Triebwagen an. Allerdings sorgten die hohen Betriebskosten und der schwächelnde Güterverkehr dafür, dass die Kleinbahn dennoch volle Fahrt ins Minus rutschte. Wegen der roten Zahlen übernahm im Herbst 1950 die Oberbergische Verkehrsgesellschaft AG (OVAG) den Betrieb der Kleinbahn. Zuvor hatte die im September 1949 gegründete Gesellschaft mit ihren Bussen bereits die Leppetalbahn zwischen Engelskirchen und Marienheide ersetzt. Im Juli 1955 berichtete die OVAG über das abgelaufene Geschäftsjahr, dass die Kleinbahn Bielstein–Waldbröl rund 385.000 Personen befördert habe und sprach von „beachtlichen Verkehrsleistungen".[86]

Weil der Schienenverkehr dennoch ein Zuschussgeschäft blieb, dachte die OVAG bereits laut über eine Stilllegung nach. Das Verkehrsunternehmen gründete eigens einen Aufsichtsrat, der sich ausschließlich mit der defizitären Kleinbahn befassen sollte. Aufgrund der hohen Verluste sprach ein Mitglied bereits im April 1954 von einem „faulen Ast", der abgeschnitten werden müsse. Zwar protestierten die betroffenen Gemeinden gegen die Stilllegung, doch die OVAG versprach einen ausreichenden Omnibus-Ersatzverkehr.

Drei Jahre später wurde fast der komplette Baum gefällt und die Gesamtstrecke im Juni 1957 für den Personenverkehr stillgelegt. Ruckzuck war es auch mit dem Güterverkehr zwischen Waldbröl und Winterborn vorbei und die Gleise wurden auf diesem Abschnitt unverzüglich abgebaut. Damit war der Bahnhof Waldbröl von der Kleinbahn unwiderruflich gekappt.

Keine Eisenbahn mehr für „Erika"

Am 30. Juni 1966 landeten die Beatles in Tokio, um am selben Tag zweimal in der berühmten Konzerthalle „Budokan" zu spielen. Die besten Fußball-Nationalteams rüsteten zur bevorstehenden Weltmeisterschaft in England. Es war auch das Datum, an dem sich die Homburger Bahn für immer vom Bergischen Land verabschiedete. Ein letztes Mal wurde die alte Dampflok „Waldbröl" angeheizt und mit einer schwarzen Flagge „verziert". Bei der letzten Fahrt durchs Bröltal reichten Gastwirte an der Strecke noch einige Abschiedsgetränke, dann war die kurze Ära der Kleinbahn beendet. Noch im Herbst desselben Jahres waren alle Gleisanlagen vom Erdboden verschwunden und die Lok „Waldbröl" landete nach einigen Irrfahrten schließlich im Eisenbahnmuseum Dieringhausen. In den nächsten Jahren wurden die meisten Viadukte gesprengt und an den Bahnhöfen Nümbrecht und Elsenroth verschwanden die Lokschuppen. Auch die am Bahnhof Nümbrecht beheimatete Gaststätte „Erika-Stübchen" musste jetzt auf Fahrgäste verzichten. Noch heute schreibt die OVAG auf ihrer Website von der „Altlast des Schienenverkehrs und … damit verbundenen Kosten".[87]

Ein „Schandfleck" macht Schlagzeilen

Auf dem Nümbrechter Betriebsgelände, wo sich einst Lok- und Triebwagenschuppen befanden, entstand zunächst ein Historisch-Technisches Museum, das bis 1998 antike Waffen- und Kriegsgeräte präsentierte. Die dazugehörige Gaststätte war im Bröltal bald als „Panzerbar" bekannt. Schlagzeilen machte vor ein paar Jahren der ehemalige Nümbrechter Bahnhof. Das seit 1990 denkmalgeschützte Bahnhofgebäude diente zunächst als Lagerhalle, dann als Drogerie und schließlich als Sitz eines Heizungsbauers. Wegen zahlreicher Vandalismusschäden drohte der „Schandfleck" im Jahre 2006 zu verfallen.[88] Zwei Jahre später wurde das Gebäude von einem Fleischwaren-Unternehmer gekauft, saniert und als Firmensitz genutzt.[89]

Erhalten ist von der Strecke außer den beiden Gebäuden, der reanimierten Lok „Waldbröl" und einigen Brückenfragmenten kaum etwas. Immerhin lässt sich zwischen den einstigen Haltepunkten Happach und Winterborn sowie hinter dem Bahnhof Nümbrecht noch der alte, aber teilweise zugewachsene Bahndamm erahnen. Und so lebt die Kleinbahn in der Erinnerung der Menschen des Bergischen Landes weiter. Und es sind „gute Erinnerungen", wie der pensionierte Nümbrechter Verkehrsamtsdirektor Horst Jürges einmal äußerte.[90]

BILDNACHWEIS

Sammlung VOBA: Karte der Reichsbahndirektion Elberfeld 1938: Seite 10;
Fritz Zapp/Sammlung Geschichtsverein Rösrath: Seite 11;
Ernst Plum: Seite 12;
Bernd Franco Hoffmann: Seite 12, 13, 19, 20, 26, 27, 32, 33, 47, 48, 49, 50, 51, 52, 53, 58, 63u., 64, 70o., 70u., 77u., 78, 84u., 85, 90u., 91, 97u., 98, 104u., 111u., 112, 118o., 118u.;
RVM-Filmstelle Berlin/Eisenbahnstiftung: Seite 18, 31;
Christoph Marschner: Seite 19;
Sammlung Heimat- und Geschichtsverein Wipperfürth: Seite 25;
DLA Darmstadt (Bellingrodt)/Eisenbahnstiftung: Seite 26;
Peter Schiffer/Eisenbahnstiftung: Seite 32;
Joachim Schmidt/Eisenbahnstiftung: Seite 38, 63o.;
Wolfgang Bügel: Seite 39, 42;
Wolfgang Bügel/Eisenbahnstiftung: Seite 41, 77o.;
VOBA: Seite 43;
Sammlung Manfred Kopka: Seite 44;
Klaus Hoffmann: Seite 45, 46;
Wuppertalbewegung/Arbeitskreis Eisenbahngeschichte: Seite 54;
Wolfgang R. Reimann: Seite 56;
Wilfried Sieberg: Seite 57o.;
Ralf Händeler: Seite 57u.,
DLA Darmstadt/Eisenbahnstiftung: Seite 62, 69o., 69u.;
Wille/Sammlung Christoph Marschner: Seite 76;
Stadtarchiv Solingen: Seite 83, 84o.;
Sammlung Kurt Stracke: Seite 89, 90o., 103, 110, 117u.;
Zeno Pillmann: Seite 96;
Carl Bellingrodt/Eisenbahnstiftung: Seite 97o.;
Sammlung. J. Laubach: Seite 104o.;
Roland U. Neumann: Seite 105;
Sammlung Christoph Marschner: Seite 111o., 117o.

Noch im Zaum gehalten, doch bald soll in dem im März 2013 aufgestellten Schienenbus in Wipperfürth ein Museum entstehen.

ENDNOTENVERZEICHNIS

1 Vgl. Kapitel „Über die Wipper – Die Wippertalbahn zwischen Remscheid-Lennep und Marienheide".

2 Vgl. Kapitel „Neue Wunder an der Wupper – Die Wuppertalbahn zwischen Oberbarmen und Oberbrügge".

3 Vgl. Kapitel „Aus dem Dornröschenschlaf erwacht – Die Volmetalbahn zwischen Hagen und Dieringhausen".

4 Vgl. Kapitel „Über die Wipper – Die Wippertalbahn zwischen Remscheid-Lennep und Marienheide".

5 Vgl. Kapitel „Neue Wunder an der Wupper – Die Wuppertalbahn zwischen Oberbarmen und Oberbrügge".

6 Vgl. Kapitel „Ein Schienenweg macht Schlagzeilen – Die Wiehltalbahn zwischen Osberghausen und Waldbröl".

7 Vgl. Kapitel „Ränkespiele in der Republik – Die Wissertalbahn zwischen Waldbröl und Wissen".

8 Vorschau auf den Sommerfahrplan, Eisenbahnkurier Nr. 138, Freiburg, April 1984, S. 7.

9 „Ende 2006 per Bahn bis Brügge", Kölnische Rundschau, 25.08.2003.

10 „Bahnhof Vollme abgerissen", Der Westen, 12.05.2009.

11 Eisenbahnfreunde Remscheid, Eisenbahnen im Bergischen Land – Eine Fotodokumentation, Martina-Galunder-Verlag, Nümbrecht 2006, S. 88.

12 Vgl. Kapitel „Brombeeren aus dem Balkan – Der Balkanexpress zwischen Remscheid-Lennep und Opladen".

13 Vgl. Kapitel „Eine Legende, die in den Herzen weiterlebt – Die Sülztalbahn zwischen Köln und Lindlar".

14 Vgl. Kapitel „Aus dem Dornröschenschlaf erwacht – Die Volmetalbahn zwischen Hagen und Dieringhausen".

15 Vgl. Kapitel „Neue Wunder von der Wupper" – Die Wuppertalbahn zwischen Oberbarmen und Oberbrügge".

16 „Bundesbahn bescherte neuen Glanz", Bergische Landeszeitung, 04.03.1961.

17 „Schildbürgerstreich der Buba", Bergische Landeszeitung, 23.07.1961.

18 „Bundesbahn gibt unrentable Nebenstrecke auf", Bergische Landeszeitung, 18.12.1958.

19 „Unterschriften für die Bahn gesammelt", Bergische Landeszeitung, 21.11.2002.

20 Gries, Claus-Peter: „Wipperfürther Pläne ausgebremst", Bergische Landeszeitung, 26.08.2004.

21 Gries, Claus-Peter: „Nordtangente in greifbarer Nähe", Bergische Landeszeitung, 26.04.2006.

22 Gries, Claus-Peter: „Weichen gestellt am Bahnhof", Bergische Landeszeitung, 11.01.2007.

23 Stein, Theresa: „Ein großer Tag für Radler", Bergische Landeszeitung, 14.06.2011.

24 Vgl. Kapitel „Über die Wipper – Die Wippertalbahn zwischen Remscheid-Lennep und Marienheide".

25 „Burscheid schickt Resolution", Kölner Stadt-Anzeiger, 23.11.1999.

26 Rüger, Ekkehard: „Burscheid gibt Bahn völlig auf", Remscheider General-Anzeiger, 31.10.2002.

27 Gatter, Tim: „Alles dreht sich um den Zug", Kölner Stadt-Anzeiger, 14.05.2001.

28 Schiebel, Peter/ Perillieux, Winand: „Eisenbahn Journal, Sonderausgabe Köln (I)", Hermann Merker Verlag 1986, S. 9.

29 Maus, Robert: „Wuppertal jubelt: Die Nordbahntrasse ist eröffnet", Westdeutsche Zeitung, 06.06.2010.

30 Vgl. Kapitel „Im Reich des Pfefferminzdoktors – Die Korkenzieherbahn zwischen Solingen und Wuppertal-Vohwinkel".

31 Vgl. Kapitel „Von der Zugverbindung zur ‚Zwischenlösung' – Die Niederbergbahn von Oberdüssel nach Kettwig".

32 Vgl. Kapitel „Brombeeren aus dem Balkan – Der Balkanexpress zwischen Remscheid-Lennep und Opladen".

33 Vgl. Kapitel „Neue Wunder an der Wupper – Die Wuppertalbahn zwischen Oberbarmen und Oberbrügge".

34 Vgl. Kapitel „Die Wippertalbahn zwischen Remscheid-Lennep und Marienheide".

35 Korgus, Andrea: „Bahnstrecken sollen industriehistorische Rad- und Wanderwege werden, Remscheider General-Anzeiger, 14.02.2003.

36 Bona, Stefanie: „Bürger eroberten die Trasse", Rheinische Post, 25.09.2006.

37 Schattat, Gerhard: „Kesselwagen als neuer Blickfang für Stachelhausen", Rheinische Post, 25.09.2006.

38 Schattat, Gerhard: „Bahn frei für die Werkzeugtrasse", Rheinische Post, 19.09.2008.

39 Kerst, Michal: „Büssow plant den Super-Verkehr", Express Düsseldorf, 02.01.2006.

40 Delphendahl, Jochen: „Niederbergbahn nicht in Sicht", Rheinische Post, 04.05.2010.

41 Otterbeck, Miriam: „Rummel auf dem Radweg", Der Westen, 17.07.2011.

42 De Cleur, Monique: „„Kaffee-Kult im alten Güterschuppen", Der Westen, 28.03.2012.

43 Figge, Katrin: „Der Rgs-w672 hängt nicht durch", Der Westen, 17.04.2012.

44 Vgl. Kapitel „Aus dem Dornröschenschlaf erwacht – Die Volmetalbahn zwischen Hagen und Dieringhausen".

45 Vgl. Kapitel „Über die Wipper – Die Wippertalbahn zwischen Remscheid-Lennep und Marienheide".

46 Vgl. Kapitel „Brombeeren aus dem Balkan – Der Balkanexpress zwischen Remscheid-Lennep und Opladen".

47 Vgl. Kapitel „Die Ära des ‚Alli' – Die Hütter Bahn zwischen Brüchermühle und Wildbergerhütte".

48 „Ohne Überstürzung", Der Spiegel, 24/1971, S. 36.

49 Praest, Manuel: „2014 soll die Wuppertal-Bahn wieder rollen", 09.01.2013, Remscheider General-Anzeiger, 09.01.2013.

50 Kahlke, Rüdiger: „Deutsche Bahn investiert 16 Millionen im Volmetal", Der Westen, 16.10.2011.

51 Kölnische Zeitung, 03.05.1887.

52 Mortsiefer, Anke: „Warten auf klare Ansage", Kölner Stadt-Anzeiger, 22.01.1999.

53 „Kein Interesse an Reaktivierung", Kölner Stadt-Anzeiger, 22.01.2002.

54 „Gräfrather Bahnhof: Die Bagger sind angerollt", Rheinische Post, 23.09.2011.

55 Vgl. Kapitel „Ein Schienenweg macht Schlagzeilen – Die Wiehltalbahn zwischen Osberghausen und Waldbröl".

56 50 Jahre Doorfdeuwel Morsbach, Flurschütz Morsbach, Ausgabe 53, 13.09.2003, S. 2.

57 Vgl. Kapitel „Kleinbahn, Kohlen und ein ‚Kaninchen' – Viermal stillgelegt entlang der Rheinischen Strecke".

58 „Fragen zur Zukunft der Deutschen Bundesbahn", Interview mit DB-Vorstand Peter Koch, Eisenbahnkurier Nr. 115, April 1992. S. 12.

59 Eschmann, Jürgen: „Wuppertaler Spitznamen: Schaukeln auf der Samba-Trasse", Westdeutsche Zeitung, 26.02.2010.

60 Vgl. Kapitel „Ränkespiele in der Republik – Die Wissertalbahn zwischen Waldbröl und Wissen".

61 Vgl. Kapitel „Die Ära des ‚Alli' – Die Hütter Bahn zwischen Brüchermühle und Wildbergerhütte".

62 Vgl. Kapitel „Als die Beatles im Budokan spielten – Die Kleinbahn zwischen Bielstein und Waldbröl".

63 Vgl. Kapitel „Eine Legende, die in den Herzen weiterlebt – Die Sülztalbahn zwischen Köln und Lindlar".

64 Vgl. Kapitel „Über die Wipper – Die Wippertalbahn zwischen Remscheid-Lennep und Marienheide".

65 Propach, Stefan: „Signal schwenkt auf Grün", Kölner-Stadt-Anzeiger, 18.11.1998.

66 „CDU will lieber Millionen in den Straßenbau stecken", Kölner Stadt-Anzeiger, 26.10.2000.

67 Knoop, Harald: „Kein Vorrang mehr für die Schiene", Oberbergische Volkszeitung, 02.02.2006.

68 „Wiehler Rat stimmt Kauf der Bahntrasse mehrheitlich zu", Oberberg Aktuell, 15.02.2006.

69 „Straßenbauer wollen Bahnstrecke kaufen", Oberbergische Volkszeitung, 02.06.2006.

70 „Verkehrsminister Wittke stoppt Bahnprojekte in Oberberg", Oberberg aktuell, 28.06 2006.

71 „NRW-Minister Wittke lobt die Stadt Wiehl, bezeichnet jedoch Wiehltalbahn als verzichtbare Museumsstrecke", Oberberg aktuell, 06.09.2006.

72 www.ju-wiehl.de, 28.11.2009.

73 „Wiehl: Verkauf Wiehltalbahn", WDR 2-Lokalnachrichten, 15.12.2006.

74 „Langfristige Betriebserlaubnis für Wiehltalbahn", Kölner Stadtanzeiger, 19.08.2008.

75 Fenstermacher, Michael: „Ein Sieg auf ganzer Bahn-Linie", Oberbergische Volkszeitung, 15.11.2008.

76 Fiedler-Heinen, Michael: „Meilenstein der Wiehltalbahn", Kölner Stadt-Anzeiger, 29.02.2012.

77 www.wiehltalbahn.de/de/die-wiehltalbahn/zukunft-gestalten; 27.11.2012.

78 Vgl. Kapitel „Ein Schienenweg macht Schlagzeilen – Die Wiehltalbahn zwischen Osberghausen und Waldbröl".

79 Mylenbusch, Fritz: „Das ‚Hütter Bähnchen'. Die Geschichte der oberbergischen Eisenbahnen, 1965, S. 43.

80 Betrifft „Wirtschaftlichkeit der Nebenbahnen", Bundesbahndirektion Wuppertal, 20.03.1958

81 Vgl. Kapitel „Aus dem Dornröschenschlaf erwacht – Die Volmetalbahn zwischen Hagen und Dieringhausen".

82 Vgl. Kapitel „Über die Wipper – Die Wippertalbahn zwischen Remscheid-Lennep und Marienheide".

83 Vgl. Kapitel „Brombeeren aus dem Balkan –Der Balkanexpress zwischen Remscheid-Lennep und Opladen".

84 Vgl. Kapitel „Ein Schienenweg macht Schlagzeilen - Die ‚Wiehltalbahn' zwischen Osberghausen und Waldbröl".

85 Vgl. Kapitel „Ränkespiele in der Republik – Die Wissertalbahn zwischen Waldbröl und Wissen".

86 „In der OVZ vor 50 Jahren", Kölnische Rundschau, 23.07.2005.

87 „Geschichte der OVAG", www.ovaginfo.de/geschichte_der_ovag.html, 06.11.2012.

88 Hüschemenger, Heike: „Schandfleck soll verschwinden", Kölner Stadt-Anzeiger, 19.01.2006.

89 Hüschemenger, Heike: „Bahnhof soll in neuem Glanz erstrahlen", Kölner Stadt-Anzeiger, 19.04.2008.

90 Hüschemenger, Heike: „Schandfleck soll verschwinden", Kölner Stadt-Anzeiger, 19.01.2006.

BUCHHINWEISE

Coesfeld (Westf).
Eisenbahnknotenpunkt im Westmünsterland

P. Daniel Hörnemann

ISBN: 978-3-86680-173-8 | 17,90 €

Die Eisenbahn in Hagen

Michael Schenk

ISBN: 978-3-86680-003-8 | 17,90 €

Entlang der Korkenziehertrasse von Solingen bis Vohwinkel

Manfred Kohl

ISBN: 978-3-95400-023-4 | 19,95 €

Die Wuppertaler Schwebebahn

Herbert Günther

ISBN: 978-3-89702-679-7 | 17,90 €

Die Gumbertstraße

Herbert Günther

ISBN: 978-3-89702-783-1 | 17,90 €

SUTTON VERLAG Wir machen Geschichte